La belleza es verdad y la verdad belleza.
Es todo lo que necesitas saber en la tierra.

John Keats

Senté
a la belleza
para injuriarla,
pero ebria y sorda se ha dormido
en mis rodillas.

Tomás Salvador González

© José Antonio Cordón, 2025

Dirección editorial: Héctor Escobar
Director de la colección: Gustavo Martín Garzo
Fotografía de cubierta: José Ramón Vega
Diseño de la colección: Miguel Riera
Maquetación: Alberto R. Torices

ISBN: 979-13-87753-10-8
Dep. Legal: Le. 171-2025
Impreso en España — Printed in Spain

José Antonio Cordón
La belleza de **la lectura**

De la belleza (29)

José Antonio Cordón

La belleza de **la lectura**

EOLAS EDICIONES

ÍNDICE

Para Carmen, José Antonio y María,
que la belleza de la lectura os acompañe
incluso cuando el mundo parezca ilegible.

Mientras la lectura sea para nosotros la inicia-dora cuyas llaves mágicas nos abren en nuestro interior la puerta de estancias a las que no hu-biéramos sabido llegar solos, su papel en nuestra vida es saludable.

Marcel Proust, *Sobre la lectura*

LA LITURGIA DE LA LECTURA

Imagino al primer lector, aquel que descifró las marcas en la roca como si fuesen constelaciones en la noche. Sus ojos, acostumbrados a rastrear huellas en la tierra, descubrieron en los signos un misterio inagotable. Desde entonces, hemos leído para comprender, para soñar, para perpetuar lo efímero. Leer no es simplemente recorrer líneas, es cosechar los surcos de un viñedo semántico, como decía Illich, es recoger el fruto del pensamiento sembrado por otros, para hacerlo nuestro y transformarlo en alimento del alma.

El acto de leer es siempre un diálogo, con el autor, con el texto, con uno mismo. Pero también es un silencio. En la penumbra de una biblioteca o en la luz dorada de una tarde de verano, el lector se convierte en una figura hierática, inmóvil pero profundamente viva, habitando una intimidad tan absoluta que se asemeja a una plegaria. Las palabras escritas, que alguna vez fueron sonidos lanzados al aire, se repliegan hacia dentro, hacia el ámbito secreto de la mente, donde vibran con un eco que trasciende su materialidad. En la figura del lector absorto, con su rostro relajado y su mirada suspendida, percibimos una verdad simple pero poderosa, la lectura es pura alegría, un estado de gracia que se refleja en la serenidad de quien ha encontrado, entre líneas, un refugio.

Su belleza reposa en una multiplicidad irreductible, un juego de reflejos en un laberinto de espejos. No es una belleza estática ni predefinida, sino un proceso que se reinventa con cada ojo que recorre la página. Como el agua de un río siempre distinta, la lectura cambia al lector, y el lector transforma la lectura, en una dialéctica perpetua de creación y recreación. Por eso su belleza no está confinada a un único gesto, a una única forma. Está en la risa desbordante del niño que se sumerge en las aventuras de un héroe improbable, cuya valentía le parece tan real que por un momento olvida el peso del mundo. Está en el rostro del adolescente que, con el libro entre las manos, busca respuestas que nadie le ha dado, mapas para navegar el caos de su interior. Está en las manos del anciano que relee una novela conocida, no por nostalgia, sino por descubrir en ella algo que antes no había visto, una verdad que la vida, paciente escultora, le ha enseñado a reconocer. Esta en las páginas que se recorren en el umbral del sueño, cuando las palabras se mezclan con las sombras del abandono, creando un territorio donde el texto y realidad se confunden. Es el instante en que el lector, ya entregado al descanso, habita simultáneamente dos mundos, el de las palabras que aún resuenan y el de las imágenes que brotan del inconsciente. Está en el libro que se convierte en refugio, en consuelo. En el enfermo que encuentra alivio en una novela, en el preso que lee para romper las rejas invisibles de su celda, en el duelo que se mitiga en la compañía silenciosa de las palabras.

La lectura reviste la condición de privilegio y de desafío. En las sociedades antiguas, sólo la élite descifraba los relatos inscritos en piedra o en papiro, y en la Europa medieval, los monasterios custodiaban los códices como si fueran reliquias. Pero incluso en su exclusividad, la lectura siempre ha tenido algo de revolucionario. El monje que inclinaba su cabeza sobre el pergamino, desgranando las palabras en la soledad de su celda, no sólo interpretaba el texto, reinventaba el acto de leer como una comunión íntima, un diálogo sin testigos. Ese gesto silencioso, que San Agustín observó con asombro en el obispo Ambrosio, marcó el inicio de un cambio que siglos después se expandiría con la imprenta y que ahora se reinventa en la era digital.

Leer, como escribir, es también un acto de resistencia contra el olvido. Cada libro es una constelación de recuerdos, un tejido que enlaza épocas y lugares, voces que se encuentran en el vacío de los márgenes. Es un acto profundamente personal, el momento en que las palabras, despojadas de su sonido, se convierten en imágenes, en emociones, en verdades que emergen como destellos luminosos. La lectura silenciosa, ese escándalo que maravilló a Agustín, nos reveló la posibilidad de ser individuos, seres capaces de interpretar por sí mismos, de construir su propio significado en el espacio íntimo del pensamiento que, en su hermetismo, fluye en otros libros, en otros pensamientos.

Estos ecos no son meras repeticiones, son transformaciones, desplazamientos de sentido que enriquecen el vacío original. Cada lectura es una conversación entre ausencias, las del lector, que se proyectan en sus lagunas de comprensión, y las del libro, que se extiende hacia otros textos en busca de continuidad. Se trata de un vínculo íntimo entre el acto de leer y el acto de interpretar, no de desentrañar un sentido oculto, sino de aceptar la fragmentación como condición inherente del conocimiento.

En el silencio del lector y la elocuencia muda del libro se encuentra una paradoja, la parcialidad de ambos genera un espacio de creación infinita. Así como Eco y Fabbri, en sus diálogos, reconstruían relatos que nunca vieron completos, el lector y el libro se necesitan para articular un mensaje que nunca será definitivo. El conocimiento, entonces, no es una acumulación, sino un perpetuo entrelazamiento de ausencias que se iluminan mutuamente. Lo ignorado no es una carencia, sino un abismo fecundo que, en su profundidad insondable, da sentido al acto de leer.

Cada vez que abrimos un libro, repetimos un ritual tan antiguo como la palabra misma. Nos inclinamos, no ante el objeto, sino ante la promesa de que algo dentro de nosotros cambiará. El lector es tanto un recolector como un alquimista, recoge fragmentos de mundos ajenos y los transforma en parte de su ser, negocia constantemente con el asombro y la intuición. En su rostro, sereno y absorto, podemos intuir la verdadera belleza de la lectura, no sólo en las palabras que lo habitan, sino en la armonía que esas palabras imprimen en su semblante.

En su multiplicidad, la lectura es un espejo infinito, un caleidoscopio donde cada fragmento de belleza refleja un rostro distinto. No hay dos lectores iguales, ni dos lecturas idénticas. Un mismo libro es un refugio para uno, un desafío para otro, un faro en la tormenta para un tercero. Leer es, en última instancia, un arte tan diverso como la humanidad misma, una forma de descifrar el enigma de la existencia y de abrazar, aunque sea por un instante, su insondable misterio.

IMPRESIONES

Antes de adentrarme en el cauce invisible de la lectura, la contemplé en la quietud de otros cuerpos. Mi padre, aislado en la penumbra, sostenía un tomo como si el mundo hubiese cesado de latir a su alrededor, mientras mi hermana, flotando en la curvatura de su sillón, alzaba un volumen hacia algún territorio interior donde el reposo adquiría un aroma indecible. Fue en esa quietud estática, en esas anatomías suspendidas en la tersura de un instante, donde advertí que leer era una secuencia de vocablos, pero también un modo de habitar la realidad desde una dimensión ignota, un pliegue del espacio que se extiende sin testigos.

Tal vez empecé a descifrar páginas para iniciarme en esa corporalidad del silencio, en ese rumor del ser que únicamente el lector advierte. Al principio, la lectura fue un simulacro del gesto ajeno, un intento por acceder al timbre secreto de aquella serenidad casi palpable, una imitación de las ausencias intermedias. Intenté emular su pose, remedar la parsimonia sacra que los habitaba, la suspensión que habita en los intersticios; mas con el tiempo, advertí que en ese acto se ocultaba algo más denso, pues la lectura no es sólo bálsamo, sino también filo que hiere, un espejo que nos ofrece rostros incógnitos, un surco por el que el yo se remansa y se extravía. Leer es morar en el borde mismo del ser, sabiendo que toda certidumbre se disuelve ante el verbo que palpita en el silencio, en la quietud.

En estaciones de tren, contemplaba a viajeros inmersos en libros, como si el estrépito de la multitud se hubiera deshilachado en un susurro imperceptible; en jardines estivales, descubría cómo la luz oblicua de la tarde parecía aliarse con el gesto inclinado del lector, urdiendo un espacio secreto entre las hojas del árbol y las páginas; incluso en el silencio solemne de bibliotecas remotas o en el insólito sosiego de un camposanto parisino, percibía la misma inmovilidad encendida, el mismo enigma suspendido en la tensión de un instante que envolvía al lector en un halo casi litúrgico.

Esa pose hierática, ese ensimismamiento arrebatado, repetido una y otra vez en vestíbulos, salas de espera, bancos solitarios, ferias o cementerios, me hizo intuir que la lectura se había incrustado tan hondo en lo humano que ya era parte de nuestro linaje, algo que late en la memoria de la especie, un sello indeleble.

Pinturas y esculturas le han ofrecido un altar silencioso a esa actitud de ensoñación alerta, a esa forma de suspender la realidad para explorar un territorio interior sin testigos. La figura del lector sentado, de pie o reclinado, se ha convertido en un símbolo que atraviesa siglos y geografías. Y al observar esas representaciones, la mano que sostiene el libro, el torso ligeramente inclinado, el rostro suspendido en la tela del lienzo o en la nobleza de la piedra, tan diversas en época y estilo, volvía a entrever ese misterio que encierra el gesto primigenio, que nos coloca ante las puertas del conocimiento, del temblor existencial, de la conmoción poética, de la perplejidad filosófica.

La lectura, como dijo Muñoz Molina, es pura alegría, y esa alegría no se limita al texto, sino que irradia hacia quien lo habita. Hay una belleza inconfundible en el semblante de un lector, su rostro se transforma en un mapa de armonía, relajado y distendido, como si en ese instante la tensión del mundo se disolviera. Es la belleza de quien encuentra un refugio en las palabras, un espacio íntimo donde la felicidad no necesita de artificios. Quien lee, refleja en su expresión el eco de esa plenitud secreta que solo la literatura puede ofrecer, un equilibrio entre el asombro y la serenidad.

EL TACTO DE LA PALABRA

El libro es un cuerpo que respira materia, un grano de tiempo hecho olor y textura. Entre sus páginas, la mano percibe la rugosidad del universo, la huella de otros dedos que lo sostuvieron antes, el murmullo táctil de un pasado latente. Leer es también palpar, asomarse a la vocación sensorial de la palabra, descubrir su carne encubierta tras el signo.

Allí, en el roce con la fibra, el lector se redescubre, cada subrayado, cada pliegue, es un relieve de la psique del que lo sostiene. La lectura se vuelve ceremonia manual y olfativa, un ancla contra la evanescencia, una confirmación de que la belleza del verbo no flota en lo abstracto, sino que suda, late, exhala su aliento atávico en el nido del papel. Entre su porosidad y la curva invisible de una letra, se adivinan nervaduras misteriosas, el vestigio de una belleza tan antigua como la noche. El lector, como acólito perenne, vuelve a la página como a un claro en el bosque, a un manantial oscuro donde su sed halla el sosiego del asombro.

La lectura, entonces, es una ceremonia sensorial en la que las fronteras se difuminan. El lector entrega su carne y su aliento, su escucha y su tacto, a un objeto que, sin violencia, lo desnuda y lo reforma. En esa unión imprevisible, el libro respira por las manos que lo sostienen, y el lector, al fundirse en la materia escrita, descubre en sí mismo la sombra de un jardín oculto, un firmamento interior que el verbo, encarnado en papel, salva de la desaparición.

LA BRÚJULA DE LAS SOMBRAS

Todo libro es un reclamo sordo, un aliento mineral que roza las fibras secretas del instinto. Elegir un libro es responder a un susurro que flota en la penumbra, un compás interior que nos acecha sin saberse nombrado. Cuando aceptamos ese reclamo, la afinidad roza lo ineludible, y en esa comunión inmediata el destino y la elección se funden en el instante de abrir una página. Cada elección es un pacto sellado, una danza entre el mirar y el callar, entre la portada muda y la mirada expectante. El vínculo con las páginas trasciende la cronología, anclándose en la profundidad muda de un presentimiento. Leer es descender a un silencio líquido, a una absorción que desfigura los contornos y desarma las jerarquías, un eco interior que reverbera sin testigos, un cedazo donde se filtran herejías y visiones imposibles, un espacio insondable y desnudo, una entrega sin condiciones, una inmersión en aguas que ninguna mirada puede perturbar.

Leer es habitar una vigilia desprovista de cimientos, un estado de latencia donde las certezas se disuelven en la penumbra. En cada mirada lanzada al texto, el lector se sumerge en un vacío movedizo, un cauce sin nombre que no reclama más luz que la que insinúa la sombra. No hay puertos, ni orillas seguras, la página es un horizonte inestable, un punto de partida que siempre se reencarna en su propio origen, un instante circular que prometió ser eterno pero que nunca se revela por completo. Leer es abrazar una promesa que se extingue en el mismo aliento que la formula, una llama que titila y desaparece, dejando el residuo de su fulgor en el hueco de la retina. El conocimiento no es aquí una lámpara inextinguible, sino un pabilo errático que nos obliga a parpadear ante el vértigo, un peso áspero, una belleza fugaz que se desvanece antes de ser nombrada. Leer es una brújula entre las sombras.

El lector es un danzarín del silencio, tejedor de rutas en un espacio intangible. Esta libertad es la trama secreta de la lectura, la posibilidad de modelar el gesto interpretativo, de plegar el tiempo y deshacerlo, de ser artífice y testigo, nómada sin ataduras en un territorio sin bordes. Leer es aceptar la danza incierta entre lo que se vislumbra y lo que se pierde, entre la respuesta que no llega y la pregunta que nos quema. Es sentir en los huesos la flexibilidad del sentido, la cadencia de significados que nacen y mueren en el instante mismo del acto lector. Allí se cifra la belleza, en la certeza de la incerteza, en la majestuosidad trémula de un enigma que jamás cederá su centro.

No hay ley que aprisione al lector. La resistencia del texto no es un muro impenetrable, sino un umbral de penumbras que invita a adentrarse más hondo. Esa resistencia no afirma, sino que niega, no entrega, sino que exige lentitud, paciencia, una atención desprovista de prepotencia. En esa negativa, en esa obstinación, el libro se preserva del agotamiento, del desvanecerse en interpretaciones fáciles. La belleza del acto de leer emerge entonces de la contención, del territorio nunca allanado, de la pugna callada entre la mirada del lector y el latido arcano de las palabras.

Leer es una travesía al filo de la imposibilidad, una contemplación del enigma que no ambiciona ser resuelto. En cada retorno, el lector descubre el rostro múltiple del texto, su plasticidad imprevisible, su negativa a convertirse en un objeto estático. El libro persiste en su silencio, en su murmullo imposible de domesticar, retando una y otra vez toda interpretación previa. Así, la lectura es también un arte de fracasar con elegancia, de aceptar que el texto jamás pertenecerá del todo a quien lo lee, que su profundidad es más una llamada a la perplejidad que una promesa de certidumbre.

Borges imaginó al lector como un nómada infinito, un cartógrafo sin mapa ni territorio, un viajero del laberinto total. Cada cita es un umbral que conduce a nuevos reinos, y en ese discurrir incesante el lector jamás se detiene. No hay una meta, solo un desplazamiento perpetuo, un vagar intranquilo por senderos que se bifurcan. Ante él, la biblioteca se alza como un cosmos sin frontera, y leer es trazar rutas imposibles, abrir puertas sin destino, internarse en habitaciones que abren dimensiones intangibles. Leer es elegir, arbitrar un mundo de renuncias. Lo que queda, lo que persiste, son fragmentos, jirones de frases que fermentan en el tiempo, haikus disueltos en la niebla de la memoria. Esa ignorancia iluminada es el combustible del lector, que persiste a pesar del olvido.

De este modo, la lectura es un mapamundi de arenas movedizas, un ir y venir de constelaciones rotas que sugieren sin decir, que arrullan sin acunar. La travesía no busca un puerto, sino saborear el oleaje del verbo. Cada libro es una proa adelantada hacia la extrañeza. El lector no exige certezas, se abandona a la deriva, confiando en que el mar textual lo nutrirá. El hallazgo no es la meta, sino la continua sorpresa, la admiración ante lo desconocido que se insinúa en el horizonte. Tensión subterránea, en la que la lectura abandona su disfraz de complacencia y revela su condición de contienda sutil, de danza enigmática donde el libro no se pliega ante los deseos del que lee.

VOCES EN LA PENUMBRA

La lectura es un coro en la penumbra. Cada libro convoca presencias mudas, ecos de voces que se deslizan sin ser vistas. Leemos junto a fantasmas, acompañados por quienes nos antecedieron y quienes vendrán. Este intercambio sutil, esta comunión subterránea, hace de la lectura un acto colectivo y atemporal. Aunque el lector esté solo, el texto lo entrelaza con un tejido humano que supera la carne y el calendario. Leer es, pues, besar las manos de una multitud invisible, detenerse frente a la vastedad sin pretender ganarla, aceptar que el conocimiento humano es un latido efímero ante las puertas del infinito. Un degustar el grano de las voces como el pájaro que picotea, con parsimonia, como cuando nos lamemos la miel de los dedos, nos enseña Sekiguchi.

En la penumbra de lo ilegible, el lector se resigna con asombro, la belleza del texto radica en su condición de cifra insoluble, en la melodía muda que se pierde en el aire, ofreciendo su hechizo sin dejarse nunca poseer. Una melodía colectiva, colmada de susurros que despiertan las palabras, intuiciones presentidas en otras voces que acunan al lector, con la sabiduría de las verdades imprevistas. Un concierto de voces que escucha al lector ante la llamada expectante de auxilio, como si invocase y respondiese a esa interrogante perpleja, ¿quién, si yo gritara, me escucharía entre el coro de los ángeles?

Y así, la belleza que palpita en cada página no es el brillo raso de una apariencia, sino una forma de verdad anclada en tradiciones y recuerdos. No anida en la perfección del vocablo, sino en la integridad secreta que late como un corazón oculto tras la urdimbre de signos compartidos. Cada libro despliega una promesa de eternidad sutil, una pureza que no se doblega ante la arena fugaz de las horas. En el tramo silencioso entre una frase y la siguiente, la lectura se vuelve un rumor de linajes invisibles, un diálogo con lo vivido y lo soñado, un temple del ánimo que se transmuta con cada mirada, con cada pulso que late en las manos del lector.

La lectura es un repelente de la soledad, un filtro contra el ostracismo, una opción taumatúrgica contra el aislamiento y el olvido. El sitio de la lectura es una teatro invisible de voces amistosas que levantan un coro de complicidades y armonía, un acompañamiento inefable que arropa y dialoga.

GERMINACIONES SECRETAS

Un libro es una semilla que anida en el lector sin anunciarse. La palabra leída fermenta en silencio, alterando esquemas, moviendo cimientos. Su poder no es brusco, es subterráneo. No hay promesa de confort; en la lectura, lo inesperado se revela en la curva próxima. Al sumergirse, el lector se somete a la posibilidad del cambio íntimo, a la alquimia de las palabras que hacen brotar nuevos abismos en el ser. El lector opta por la tormenta, por la incomodidad fértil, por el vértigo de llevar en sí mismo la estela de incontables universos, todos apenas entrevistos, todos condenados a desvanecerse. La duración literal de un texto, el tiempo necesario para recorrer sus palabras, es apenas un suspiro frente a la vastedad de su duración literaria, que se dilata en las reminiscencias, en los ecos que el lector lleva consigo.

Habitamos en las interpretaciones, arenas movedizas cuyo silencio interrumpe la soberbia del entendimiento. Ni la luz ni la sombra se vuelven absolutas, y el lector, al saborear esta dialéctica incierta, percibe que la comprensión es apenas un sueño, un espejismo de lo que podríamos haber entendido si nuestras manos hubiesen atrapado la brisa. El lector, en su ensimismamiento, es una sombra errante, un actor en un escenario de símbolos sin llave maestra. Sumergirse en la lectura implica acoger un vaivén telúrico, ese pulso entre lo apenas entrevisto y lo que se esfuma sin respuesta, mientras la incertidumbre nos inflama por dentro. Es percibir, casi en la médula, la elasticidad con que las palabras se contraen y expanden, ascendiendo y disolviéndose en el mismo aliento de la comprensión. En ese perpetuo desequilibrio radica el fulgor, una grandeza contenida en lo indescifrable, una nobleza que crece en la imposibilidad de fijar un centro absoluto.

El lector sabe que su navegar nunca será completo, que su botín de frases es un cofre con fondos falsos. Acepta, con una mueca cansada, que sus recuerdos son despojos disueltos en la niebla, que esa ignorancia iluminada es su combustible. Por eso, a pesar del olvido, sigue leyendo, sabiendo que sólo en el desequilibrio se halla la verdadera danza de la conciencia, y que la sabiduría se esconde en la imposibilidad de asirla.

Entre las páginas se esconde una melodía que nunca se apaga del todo. Los libros arrastran murmullos heredados, destellos que otros lectores han invocado. Cada palabra lleva consigo la memoria de quienes la pronunciaron en silencio. El lector prolonga ese eco, lo suelta en su propio tiempo y así prolonga la cadena infinita. Leer es ser testigo y partícipe de una saga inaudible, un canto ancestral que se renueva en cada garganta interior.

A través de cada texto, el lector se transforma en un puente tendido hacia lo que jamás poseerá, un indigente que se alimenta del resplandor fugitivo de las palabras. Es en esa sed insaciable donde se cifra el encantamiento de las letras, en la promesa de un universo siempre mayor a lo que se puede abarcar. Si leer es buscar, lo es también reconocer los límites, el abismo entre lo que somos y lo que aspiramos a entender. Como rezaba Zambrano, la lectura es un lazo amistoso, no una sumisión ciega, sino una confidencia paciente, un trueque de intimidades entre el texto y aquel que lo enciende con su mirada.

De esta contienda nace una sabiduría humilde, el reconocimiento de que el libro es más vasto que cualquier pretensión de dominio. Como un edificio insondable, el texto despliega recintos a los que nunca ingresaremos del todo. Tal como en el amor, la belleza del acto lector surge de lo que se resiste a ser asido, de esa penumbra a la que el entendimiento se asoma sin agotar sus recovecos. La lectura advierte que poseer es profanar, y enseña la gracia de contemplar sin exigencia, la fuerza de hallar encanto en lo inabarcable, en lo que se niega a consumarse.

Ectoplasmas sinápticos que vibran cabalgado sobre el descubrimiento y la fascinación. Así la lectura custodia la herencia inmaterial, resucita las palabras que dormían en la oscuridad infinita, pero también convoca el aquelarre de lo presentido, de las imágenes sospechadas, arrebatadas, que nacen con el ímpetu de la necesidad, con la urgencia del deseo.

La lectura es un capital que se autoalimenta en la urdimbre del deseo, una voluntad inagotable de voracidad expansiva que, como la Casa tomada de Cortázar, se extiende hasta lo imposible en el dominio de lo físico y de los simbólico. Es un eco errante que se replica en el espacio, que engulle el vacío y construye una arquitectura inestable y persistente de recuerdos y olvidos.

APOSENTO EN EL VACÍO

Imagino el sosiego helado de quien jamás inclina la cabeza sobre un texto, una paz tersa como un lago inmóvil bajo un cielo gris sin pájaros. Allí donde no hay palabras desatadas, no se alzan murmullos en penumbra ni señales inciertas. En esa calma sin abismos, la ignorancia es un lino sin arrugas, un reposo sin preguntas insomnes ni vértigos interiores. El que no lee mora en un claro desierto, libre de la tormenta que azotan las páginas a quien se atreve a abrirlas. Su pulso no siente la astilla de una idea viva; su seno no tiembla ante la irrupción de otra voz.

A la inversa, la mente lectora es un bosque en que las ramas se entrecruzan sin orden, un torbellino tejido de ecos que dilatan y astillan el ser.

Cada libro desencadena un tumulto, una criatura incandescente que roza el espíritu, expandiéndolo con incertidumbres y fracturas. El lector es un exiliado de la claridad prístina, un vagabundo sin reposo que se adentra en selvas saturadas de presencias.

Leer es encender la brasa allí donde reinaba el hielo. Es notar el peso de infinitas páginas, recordar y olvidar, sufrir y renacer. El lector es un peregrino en constante desvelo, atravesando tempestades que ensanchan su horizonte a cambio de su serenidad. En contraste, el que no lee prolonga su estancia en una planicie de inalterable quietud. Hay en ello una extraña belleza, una flor de cristal que no sabe del viento, un orden sin fracturas, una tersura sin heridas que acuchillen su reposo.

Pero la lectura es la sed en la garganta, la herida necesaria, el aullido que nos revela la hondura del caos interno. Sin ella, la vida es un desván sellado, una costa sin barco, un tiempo sin fugas. El lector, traicionado por su propia ansia, enhebra palabras como quien se adentra en una mina oscura, allí cada libro es un explosivo sordo, un abismo abierto bajo sus pasos. El no lector, en cambio, descansa en la planicie incorrupta de su calma, sin playas que erosionen su certezas, sin ciudades que latan tras las cubiertas de un tomo.

SENDEROS ICONOCLASTAS

Leer es un acto de gracia íntima, un impulso silvestre que no requiere credenciales ni himnos. El lector es un ser anfibio que no necesita manuales de nobleza, la libertad no pide permiso en los márgenes de la página. Leer es un impulso errante, un gesto de insurrección contra lo previsto. Leer es disolver fronteras, vaciar el mundo de muros.

En el reino del texto, el lector se desata de lo concreto, del dogma, de las costumbres heredadas. La lectura no conoce cadenas. Esta libertad no es clamor, sino susurro. Es el germinar de una autonomía interior que no requiere proclamas. Leer libera el pensamiento del yugo de lo evidente, abriendo puertas a una polifonía infinita de sentidos. Es un acto a ciegas, ceguera que no es carencia, sino potencia. Sin la dictadura de lo obvio, el lector se sumerge en el mar del tal vez, degustando la sal de lo posible. Leer es, así, un tacto espiritual, una navegación por las aguas del enigma, sin otros límites que el horizonte.

La belleza de las palabras está en el azar con que las acogemos, en la danzarina ingravidez que nos permite elegir, huir, regresar, inscribir nuestra huella con bolígrafo en el margen de las páginas como si firmáramos un pacto secreto. Twain, Woolf, Calvino, Borges, García Márquez, todos ellos, a su manera, susurraron que no hay ley inquebrantable en el reino del verbo.

Que el libro sea la puerta trasera de un jardín sin reglas, que la mente del lector retoce sin cadenas, que la devoción o la melancolía fluyan sin coacción, que la imaginación germine en terreno fértil sin atender a ninguna moral preestablecida. Así, el acto de leer se descubre como un privilegio innominado, una fuerza primigenia que nos conduce por el cauce invisible de la experiencia. Sin la vigilancia del dogma, habita la plenitud, el verbo hecho éter, danzando con nuestros deseos más secretos.

En un horizonte que idolatra la eficiencia, leer sin propósito es una rebelión silenciosa. Es acoger la gratuidad del asombro y reconocer que hay una belleza que no exige rédito ni productividad. Como recordaba Wilde, el placer sin leyes es el único placer, leer es ingresar en ese dominio sin tabiques, un fluir hacia la disolución del yo en la textura impalpable del lenguaje. En ese territorio, el tiempo adquiere otro pulso, la existencia se torna crepuscular y luminosa a la vez, y el lector paladea la intensidad de lo inasible.

COREOGRAFÍAS INVISIBLES

Hay un ritual en el abrir y cerrar un libro, en el marcar una página o en el detenerse en un pasaje. Estos gestos minúsculos configuran una danza muda que el lector ejecuta sin testigos.

Este ritual cotidiano sacraliza el acto lector. No hay templo ni altar, pero la repetición del gesto, la atención plena, la espera paciente, confieren a la lectura la dignidad de un culto. Así, leer deviene un rezo laico a la belleza del lenguaje. Leemos en el silencio, y ese silencio no es un mero trasfondo, sino la piedra angular del acto. Allí donde no hay estrépito, la palabra adquiere un peso inusitado.

La lectura construye un santuario en la nada, un aposento interior donde la voz sin sonido se alza. Este vacío es fértil, sin distracciones, las sutilezas se manifiestan. Leer es alabar la nada que permite surgir el todo. La lectura se transforma así en una geografía íntima, en una geología del ser que descubre en el libro no un apéndice utilitario, sino el relicario de una verdad sigilosa. Cada ejemplar conserva su aura propia, susurros que sólo el lector captará al liberar al libro de su letargo. Penetrar en su atmósfera es embriagarse con la esencia sutil de la tinta, con esa pétrea fragilidad que sostiene signos, con la inasible promesa que duerme en el grafito congelado. Lejos del bullicio, sin testigos, el lector se acurruca en ese santuario de tactos e ideas, y en ese sigilo advierte la correspondencia entre su propia vulnerabilidad y el enigma ofrecido por las páginas.

El lector encadena en la quietud del entendimiento una coreografía de significantes y de gestos, un ritmo sutil de movimientos ancestrales que fijan el arquetipo del sueño. Escuchar con los ojos a los muertos, lanzar las redes en un espacio sideral de voces peregrinas. Sentir el roce de los ángeles que observan las palabras antes de nacer, que las trasladan y las reparten, como obsequios inmerecidos, entre locos y poetas.

FLORACIONES FUTURAS

La lectura no es un fósil, muta, se adapta a soportes, lenguajes y tiempos. Es un arte vivo que asimila las novedades sin perder su savia esencial. Una voluntad de supervivencia que se eleva sobre la especie y el tiempo, que renace de sus cenizas, que emerge límpida entre los escombros de la existencia. Haňťa, Guibrando, Cervantes (*leer aunque sean los papeles rotos de las calles*) y otros anónimos custodios recogen páginas dispersas, retazos de tinta rescatados del vórtice que engulle sin miramientos. De cada hoja salvada, arrancada del vertedero del sinsentido, brota una belleza fracturada, un destello de humanidad incompleta, y sin embargo intacta en su vibración esencial. La lectura, reducida a jirones, vuelve a ser un conjuro, no importa la coherencia ni el orden, importa el latido.

En la imperfección, en el corte abrupto, se filtra una luz que no se apaga.

¿Qué es esta belleza que sobrevive entre astillas de sentido? Es la negación de la muerte absoluta de las palabras, la certeza de que la literatura no se deja encerrar en la cáscara de su utilidad ni perece en la trituradora del mercado. Es también una lucha contra el vacío. La lectura, en su condición mutilada, ejerce entonces una magia mayor, con un puñado de sílabas convoca continentes enteros de pensamiento, bosques desaparecidos que aún susurran. Este acto de fe en la letra incompleta es un himno a la resistencia íntima, a la lucha sin estridencias que preserva lo esencial, la mente capaz de sentir asombro, de emocionarse ante la sombra de un poema, de acunar en su pecho el aroma de una historia muerta que vuelve a respirar. No importa que falten páginas, que se haya perdido el hilo; importa la persistencia del soplo que las palabras llevan dentro. Leer trozos de libros es como mantener una vela encendida en la penumbra, su luz no es plena, pero brilla lo suficiente para recordarnos que seguimos vivos.

En esa misma fragilidad se cifra la verdadera belleza, no la del monumento intacto, sino la del castillo que conserva su fantasma. Leer así, a pedazos, es recibir el eco antes que la voz completa, el perfume antes que la flor, el temblor previo a la sinfonía. Y sin embargo, esa carencia no disminuye el poder de lo evocado; lo multiplica, convocando la imaginación y la ternura. Cada fragmento es una insistencia en lo humano que persiste.

ESCENAS

EL UMBRAL DE LA QUIETUD

El sol declinaba sobre la ciudad de Milán en el año 383, tiñendo el cielo de ocres y dorados, mientras las sombras se alargaban como susurros del tiempo. Agustín de Hipona caminaba por los pasillos del palacio episcopal, sus sandalias resonando suavemente sobre el mármol frío. Buscador incansable de la verdad, se dirigía a visitar al obispo Ambrosio, aquel hombre cuya sabiduría y piedad habían encendido en él una llama nueva.

Al llegar a la estancia del obispo, encontró la puerta entreabierta. Como era costumbre, nadie necesitaba anunciarse; el umbral estaba siempre abierto para quienes buscaban consejo o consuelo. Agustín entró con cautela, esperando encontrar a Ambrosio en alguna lectura en voz alta o conversando con visitantes. Pero lo que encontró desafió toda expectativa. Dentro, la escena estaba suspendida en una quietud inédita. Ambrosio, inclinado sobre un códice, leía en silencio. Sus labios permanecían inmóviles, y de su garganta no surgía sonido alguno. Sus ojos recorrían las líneas con la parsimonia de quien sigue un sendero que sólo él puede ver, mientras la luz del crepúsculo doraba las páginas abiertas con una pátina que parecía transformar el acto en algo sagrado.

Agustín sintió una consternación que sólo después pudo nombrar. Durante siglos, los libros habían sido partituras vivas, un teatro donde la voz del lector convocaba a los oyentes en una comunión auditiva. La literatura no era algo que se miraba; era algo que se escuchaba, que tomaba cuerpo en el aire, multiplicándose entre la multitud. Las palabras, ligadas por el aliento y sostenidas por las pausas de la lengua, dependían del sonido para existir. Pero aquí, ante sus ojos, esa tradición milenaria había sido rota. La lectura, en Ambrosio, no necesitaba ya de la voz. Era un acto interior, un diálogo mudo, casi alocado en su novedad.

Los libros de aquel tiempo no estaban preparados para el silencio. Eran códices densos, tejidos en escritura continua, sin espacios ni signos de puntuación que ordenaran el flujo. Leídos a simple vista, se presentaban como laberintos cerrados, un terreno hostil que debía ser conquistado por la voz. Pero Ambrosio, con sus ojos que avanzaban y retrocedían en un movimiento que parecía danzar entre los caracteres, se movía en ese terreno como un viajero que ya no necesitaba mapas. Su lectura era un salto hacia lo inexplorado, un método nuevo que desafiaba la naturaleza misma del texto.

Desde un rincón de la sala, Agustín lo observó con una mezcla de fascinación y desconcierto. El silencio de Ambrosio no era la ausencia de sonido; era un espacio pleno, cargado de significados que no necesitaban ser pronunciados. Aquel silencio era una forma de comunicación interior, un eco que resonaba en lo profundo del ser. El obispo no leía para el exterior, sino para el alma, en un acto que parecía trascender la materia del libro y dialogar directamente con lo eterno.

La escena era hermosa, no sólo por su rareza, sino por lo que implicaba, la ruptura de un antiguo dispositivo. El teatro de la lectura en voz alta, con sus audiencias y resonancias, cedía paso a un ritual íntimo, un acto de soledad radical. En este silencio, Agustín percibió algo extraordinariamente moderno, una forma de relación con el texto que escapaba al dominio de lo colectivo para adentrarse en la esfera de lo individual. Era un escándalo, un gesto contra natura, pero también una revelación.

El tiempo parecía haber sido borrado en aquella estancia. La luz del día cedía con lentitud, pero en el aire inmóvil sólo existían el hombre y el códice, unidos en un vínculo que a Agustín le pareció casi místico. Finalmente, conmovido pero sin palabras, se levantó y abandonó la sala. Mientras recorría de vuelta los pasillos del palacio, sentía que algo en su interior había cambiado, como si aquella escena silenciosa hubiese abierto en él una grieta por donde la luz de una verdad insospechada comenzaba a filtrarse.

Aquella imagen del obispo inclinado sobre su códice no sólo alteró la percepción de Agustín, sino que prefiguró un cambio que siglos después se afianzaría con la imprenta. El papel, ese rectángulo que democratizó el acceso al saber, había comenzado a trazar surcos donde cada lector podía cosechar su propia comprensión. Como recordaría Illich, el acto de leer ya no se limitaba a escuchar y repetir; era un ejercicio de recoger y ordenar pensamientos, un acto creativo que otorgaba al lector la capacidad de moldear su propia visión del mundo.

En los años venideros, Agustín reflexionaría a menudo sobre aquel momento. Comprendería que la lectura silenciosa no sólo transformaba la manera de acceder al conocimiento, sino también la noción de lo humano. La imagen de Ambrosio inclinado sobre su códice, absorto en el silencio, permanecería grabada en su memoria como el inicio de un cambio, la irrupción de un lector nuevo, capaz de cosechar las palabras con su propia mirada, de transformar el texto en pensamiento, en experiencia, en libertad.

EL VIAJE HACIA LOS LIBROS

En el invierno de 1417, cuando los vientos fríos del sur de Alemania cortaban la piel y los árboles se cernían desnudos y silenciosos sobre el camino, un extraño avanzaba a caballo por los senderos solitarios. Poggio Bracciolini, de constitución menuda, perfectamente afeitado y envuelto en una capa de corte sencillo pero elegantemente confeccionada, avanzaba con una determinación que parecía iluminarlo desde adentro. Los aldeanos lo miraban con una mezcla de curiosidad y extrañeza desde las puertas de sus cabañas, sus miradas siguiendo su silueta recortada contra el paisaje invernal. Aquel hombre no era un caballero ni un noble, no llevaba armas, ni halcones ni emblemas que anunciaran su posición o riqueza. Y sin embargo, no cabía duda de que este viajero poseía una misión, algo que lo hacía avanzar con firmeza y urgencia.

Poggio Bracciolini, secretario y erudito de la corte papal, se dirigía hacia un destino que para él era sagrado, un monasterio remoto donde, según rumores que le habían llegado en sus exploraciones, se guardaban antiguos manuscritos, libros cuyos secretos dormitaban entre el polvo y la penumbra de las bóvedas. Para Poggio, estos libros eran mucho más que palabras encuadernadas; eran fragmentos de belleza, reliquias de sabiduría casi extinta, testimonios de la grandeza del espíritu humano que, en medio del silencio de aquellos claustros, esperaban volver a respirar.

El bosque parecía espeso y eterno, y los pueblos y ciudades que Poggio dejaba atrás se sucedían como notas en una partitura silenciosa. Atravesó Constanza y Ravensburg, donde el comercio del lino hacía prosperar a la gente, y sintió la extraña emoción de estar en una tierra que también producía papel, esa invención reciente que prometía hacer perdurables las palabras, asegurándoles un futuro. De camino pasó por Ulm, un hervidero de comercio y manufacturación a la orilla del Danubio, por Aalen y Rothenburg ob der Tauber, cada uno un mundo lleno de mercaderes y artesanos, recaudadores de impuestos y banqueros. Todos ellos ocupados, enfrascados en el mundo de las cosas tangibles. Poggio, en cambio, avanzaba hacia algo invisible, la promesa de encontrar libros ocultos en la penumbra, las páginas que habían sobrevivido a guerras, pestes y olvido, aguardando como si hubieran sido destinadas solo para él.

A cada paso, sentía más cerca el objeto de su deseo, libros antiguos, esos que para Poggio eran algo más que objetos de lectura; eran belleza en su forma más pura, fragmentos del pasado que traían consigo la esencia de otro tiempo. Cada página de pergamino contenía no solo palabras, sino el eco de manos que las habían escrito hacía siglos, la belleza de las ideas que habían sido pensadas, copiadas y protegidas con una devoción casi sagrada. Para Poggio, los libros no eran simples textos, sino mundos que podían capturar la luz de la razón y la imaginación humana, algo que él consideraba más bello y real que cualquier paisaje o cualquier obra de arte.

Poggio sabía que, al cruzar el umbral del monasterio, al descender a sus bibliotecas sombrías, sería como entrar en un templo donde se celebraba la belleza de la palabra escrita, el esplendor de los pensamientos de los hombres que habían vivido y muerto siglos antes que él. Cada manuscrito era una joya oculta, una voz que, por milagro, había sobrevivido a las tormentas del tiempo. Sentía que su viaje era también un acto de reverencia, encontrar, proteger, leer aquellos textos sería devolverles el hálito de vida. Como si, al abrir cada volumen, las palabras atrapadas en el pergamino respiraran de nuevo, su belleza brillando como el resplandor de un amanecer en invierno.

Los aldeanos no podían comprender por qué un hombre de aspecto tan frágil, sin armas y aparentemente sin recursos, cruzaba aquellos caminos helados con tal pasión en la mirada. No sabían que Poggio no iba en busca de poder, de riquezas o de fama, sino de la belleza que guardan los libros, una belleza que, al contrario de los bienes materiales, crece al compartirse y persiste en el tiempo. Para él, cada libro que hallara en aquellas bóvedas era un fragmento de inmortalidad, una promesa de que las ideas, la poesía y la filosofía no perecen, sino que esperan pacientemente a que alguien las encuentre y las devuelva al mundo.

Al llegar al monasterio, Poggio se sentía casi en un estado de éxtasis. Al cruzar el umbral de piedra, el aire frío y húmedo de las galerías lo envolvió como el abrazo de un viejo amigo. Descendió por los pasillos hasta el scriptorium, donde los estantes cargados de manuscritos lo esperaban en un silencio solemne. Cada uno de ellos era como una estrella en un firmamento de palabras, una constelación que él ansiaba explorar. Sabía que muchos de esos libros jamás serían leídos, que la vasta mayoría de sus contemporáneos no sabría siquiera de su existencia. Pero eso no importaba. Los libros, como la belleza, no necesitaban justificación. Eran, en sí mismos, su propia razón de ser.

Mientras tomaba el primer manuscrito y acariciaba con delicadeza el pergamino, Poggio sintió que había encontrado un pedazo de eternidad. Al abrirlo, no solo liberaba palabras, sino la esencia misma de un tiempo antiguo que, a través de aquel humilde hallazgo, volvía a vivir. En aquel instante, en el silencio de las bóvedas monásticas,

Poggio Bracciolini comprendió que la belleza de los libros era la única riqueza que no podía perderse, que las palabras escritas podían sobrevivir al invierno, a las ruinas y al olvido.

Su viaje había sido mucho más que la búsqueda de manuscritos; había sido una peregrinación hacia la belleza que vive en los libros, una belleza intemporal que no exige ni utilidad ni razón.

LA MÚSICA DEL SILENCIO

En el corazón del edificio Thomas Jefferson, en la Biblioteca del Congreso de los Estados Unidos, yacen dos Biblias como faros detenidos en el tiempo. Como si fueran dos espejos enfrentados, la colosal Biblia Gigante de Maguncia, manuscrita con la parsimoniosa perfección de un copista medieval, y la primera Biblia impresa por Johannes Gutenberg, nacida de la vorágine del hierro y la técnica, dialogan en silencio, frente a todos y para nadie. Ambas fueron creadas en la misma ciudad, a mediados del siglo xv, como si el destino hubiese conjurado este encuentro para mostrarnos que, antes de ser página, el texto es siempre un suspiro divino.

Al contemplarlas, la modernidad queda en suspenso, y el visitante se siente arrastrado a la penumbra helada de un scriptorium medieval. Allí, tras las murallas que respiran invierno, un monje se inclina sobre su pupitre con la concentración de un cirujano del espíritu. La pluma, cual cincel delicadísimo, va trazando signos precisos sobre el pergamino, como si cada palabra fuese un puñadito de luz destilada. A su alrededor, las voces de sus hermanos se confunden en un murmullo orante, una letanía que parece brotar de las piedras, enhebrando la eternidad con el presente. «Toda lectura es, en el fondo, una plegaria», susurra la memoria de Umberto Eco al oído del visitante, invitándolo a sentir la delicada comunión entre el gesto artesanal y la meditación silenciosa.

En la vitrina del Thomas Jefferson, la Biblia de Maguncia, con sus 459 hojas escritas a mano, encarna una tradición milenaria. Su orden, sus columnas, sus abreviaturas, su letra gótica, son la expresión máxima de una belleza forjada a fuego lento. Cada miniatura iluminada es un cofre de pigmentos secretos, un himno polícromo a la sensibilidad humana. Junto a ella, la Biblia de Gutenberg, impresa con ingenio mecánico, materializa el umbral hacia la multitud, la multiplicación del saber, el estrépito de voces que vendría más tarde. Pero no deja de guardar, en su ADN tipográfico, las viejas costumbres, las mismas dos columnas, las mismas proporciones, las mismas abreviaturas heredadas de los copistas. Como apunta Lucien Febvre, el primer acto de la imprenta no fue la ruptura, sino la más exquisita imitación de lo manuscrito, un íntimo temblor ante lo sagrado del libro.

Si el visitante se deja llevar por la ensoñación, no verá solamente dos Biblias bajo cristal, sino una encrucijada mística. A un lado, el monasterio de antaño, el roce de la pluma contra el pergamino, el crujido de la leña en el hogar, el frío calado en las piedras, el dorado polvoriento que filtra el ajimez. Junto al monasterio, el taller que nace como una amenaza imprevista, con sus herramientas promisorias, anuncio de un fin de época. Del otro, la sala impecable, luminosa, climatizada del presente, donde la contemplación puede realizarse con la pausa reflexiva que otorga la distancia histórica. Entre ambos mundos, la lectura, ese acto que es a la vez plegaria y descubrimiento, se yergue como un puente inmaterial. Leer es beber de una fuente invisible, extender las raíces del espíritu hasta hundirlas en las vetas más profundas de la memoria humana.

El monje, en su celda, abre el códice con manos temblorosas, con el fervor del que abre las puertas de una capilla secreta. Al internarse en las líneas manuscritas, las palabras lo envuelven como una música callada, solo la respiración acompasada, el susurro de las páginas, la vela que titila en un rincón. Afuera, la noche medieval desciende con su manto de silencio, la campana llama a completas, la comunidad se encamina al rezo. Pero en la mente del monje, la lectura es un cosmos dilatado donde el tiempo deja de existir. La belleza de las letras, clara, exacta, casi radiante, fluye por su sangre como un bálsamo invisible.

A su manera, el espectador contemporáneo, fascinado ante las Biblias expuestas, reproduce ese instante. Aunque separado por siglos y artefactos tecnológicos, se ve atrapado en el mismo hechizo. El manuscrito y la impresión, el delicado pincel del iluminador y la compleja máquina de Gutenberg, el silencio monacal y el murmullo del mundo moderno, todo confluye en una experiencia íntima, en un acto sagrado de contemplación.

Al salir del edificio Thomas Jefferson, el visitante percibe cómo el mundo presente late aún con ese pulso ancestral. La lectura es una semilla que el viento esparce a lo largo de los siglos, más allá de la pluma y el metal, del pergamino y la imprenta. La experiencia vivida ante esas dos Biblias, contrapuestas y hermanas, es la evidencia de que la palabra, antes que objeto, es un gesto del alma, una danza de la mente, un murmullo que llega desde el fondo de la historia para recordarnos que en el silencio, en la concentración, en la belleza velada de un trazo perfecto, existe algo más profundo que el tiempo.

EL COMIENZO DE LO TERRIBLE

La biblioteca estaba sumida en un silencio absoluto, el tipo de silencio que parece contener los ecos de siglos, un silencio pesado, cargado de la respiración tenue de los libros. Las lámparas de hierro forjado proyectaban una luz tenue sobre las largas mesas de madera pulida, y las estanterías, repletas de volúmenes encuadernados en cuero, se alzaban como guardianes de secretos olvidados. Cada rincón exhalaba una intemporalidad que sólo los siglos de sabiduría podían conferir.

En una de las mesas, un lector estaba inclinado sobre un libro que yacía abierto ante él. Su cabello, enmarañado por el descuido, proyectaba sombras sobre las páginas desgastadas. Era un ejemplar censurado de *El elogio de la locura*, de Erasmo de

Róterdam, un vestigio de tiempos en los que la belleza del pensamiento había sido reducida a ruinas por el fanatismo.

Sus dedos recorrieron con delicadeza las cicatrices del volumen, líneas negras cruzaban los textos como ríos envenenados; algunas páginas habían sido arrancadas de raíz, dejando un hueco donde antes había florecido el ingenio; otras estaban mutiladas con anotaciones apresuradas, frases enteras tachadas con una furia que parecía gritar desde el pasado. Se detuvo en una ilustración que apenas sobrevivía, asfixiada bajo marcas de tinta negra, y pensó en el contraste entre lo que aquel libro había sido y lo que ahora era.

Cerró los ojos y trató de imaginar el libro en su estado original, un despliegue de ideas y sátiras, la risa de Erasmo resonando como un canto de libertad en una época encadenada. Esa belleza, esa vivacidad del pensamiento, había sido sofocada por manos que creían salvar almas al destruir palabras. «Lo bello no es más que el comienzo de lo terrible», pensó, recordando el verso de Rilke.

¿Acaso no era esa la paradoja de toda creación? Lo que en un momento se concibe como un acto de luz, como una afirmación del espíritu humano, puede ser desfigurado hasta volverse irreconocible. La belleza no estaba en el libro tal como lo veía ahora; estaba en el vacío que evocaban sus mutilaciones, en el contraste entre lo que había sido y lo que la violencia le había hecho. Cada página arrancada era un grito en el silencio de la biblioteca.

Levantó la vista y contempló las estanterías interminables, cada una cargada con miles de historias. Cuántas de ellas, pensó, habrían sufrido la misma suerte que ese libro. No eran solo palabras lo que se había perdido; eran mundos, visiones, la posibilidad de que el pensamiento humano trascendiera sus propios límites. ¿Y cuántas veces la mano que destrozó una página lo hizo convencida de actuar por el bien supremo? La ironía era insoportable, quienes arrancaban fragmentos de un libro no veían la sombra que proyectaban sobre la luz que decían defender.

El lector bajó de nuevo la mirada al volumen herido. Se detuvo en una línea tachada, apenas legible bajo la marca de la censura. Deslizó sus dedos por encima de las palabras, como si pudiera desenterrarlas del olvido. «La locura de los sabios es más divina que la sabiduría de los locos». Una risa amarga escapó de sus labios. Era una ironía despiadada que esa frase, una burla a la hipocresía, fuera precisamente lo que había provocado la ira de los censores.

Mientras miraba las páginas destruidas, sintió algo más que indignación; sintió un vértigo, un abismo que se abría entre las líneas. El libro, con sus tachaduras y páginas arrancadas, no era solo un testimonio de la intransigencia, sino también de lo que yace detrás de toda representación, lo siniestro, lo oscuro, lo incontrolable.

Cada libro era un tapiz, y ese tapiz tenía un reverso. En este volumen, el reverso estaba expuesto, con todas sus costuras y anudamientos, sus desgarraduras y heridas. Era un recordatorio de que la belleza nunca es inocente, de que siempre hay algo ominoso detrás de su resplandor. «¿Qué vio el censor cuando abrió este libro?», se preguntó. «¿Qué le hizo creer que estas palabras eran tan peligrosas que debían ser borradas?».

Era fácil pensar que el fanático estaba ciego, que no entendía la belleza de lo que destruía. Pero quizás la entendía demasiado bien. Quizás lo que veía en esas páginas no era solo sátira, sino un desafío a su propia idea del orden, una amenaza a la frágil estructura que mantenía sus certezas en pie. La belleza, pensó el lector, es peligrosa porque nos muestra lo que podría ser, lo que está más allá de lo que aceptamos como verdadero. Y ese destello de posibilidades, es para algunos insoportable.

Se levantó de la mesa y caminó lentamente por la sala, con el libro aún en sus manos. Las estanterías parecían más altas a cada paso, como si el peso de los siglos se hiciera más palpable. Pensó en todos los otros libros censurados, mutilados, olvidados. Pensó en las voces que nunca habían llegado a ser escuchadas, en las ideas que habían muerto antes de nacer. Pero también pensó en lo que sobrevivía, en la belleza que, a pesar de todo, persistía.

Deteniéndose frente a una ventana, miró hacia el patio de columnas que rodeaba la biblioteca. La luz del atardecer caía en ángulos agudos, dorando la piedra y proyectando sombras alargadas. Ese juego de luz y sombra, pensó, era la imagen perfecta de lo que había experimentado al leer ese libro. Lo bello y lo siniestro, lo luminoso y lo terrible, no podían separarse. Eran dos caras de la misma moneda, dos aspectos de una misma verdad.

En ese momento, sintió algo que no esperaba, gratitud. Gratitud por la belleza que había sobrevivido, pero también por el dolor que le permitía reconocerla. Cada cicatriz en el libro era una prueba de su resistencia, de su capacidad para desafiar incluso el poder de la destrucción. Lo bello no era solo el comienzo de lo terrible; era también su respuesta, su negación.

Cerró el libro con cuidado y lo devolvió a la mesa. Antes de marcharse, miró una última vez a su alrededor, hacia las estanterías que lo rodeaban como testigos silenciosos. «La belleza persiste», pensó, «porque siempre lleva consigo la semilla de lo terrible». Y con esa certeza, salió de la biblioteca, dejando tras de sí el peso de los siglos y el murmullo inaudible de las palabras que, pese a todo, nunca dejan de resonar.

LA BELLEZA DE LO INMUNDO

El campo de batalla yace bajo un velo de niebla espesa, un gris que amortigua los contornos y disuelve los detalles en una masa de presencias extinguidas. Allí, entre el barro y la hierba aplastada, la guerra ha dejado su rastro, cuerpos rotos, miembros dispersos, ropas teñidas con la palidez sanguinolenta del fin. La muerte ha trabajado con tesón, y su obra se muestra como un mural sin piedad, un tapiz de miembros endurecidos por la coagulación y la inercia de lo irreparable. Y sin embargo, no reina el silencio absoluto; un murmullo áspero, un roce de pasos apagados, se extiende entre los cadáveres.

Son las figuras harapientas de mendigos y mujeres famélicas que se deslizan con paso precavido entre la podredumbre. No lloran, no exclaman. Sus manos sucias se aferran a las ropas de los muertos, chaquetas de soldados, camisas irreconocibles, pantalones cuyos bolsillos aún guardan la sombra del combate. Arrancan estas vestiduras con una frialdad que parece mecánica. No es crueldad, es hambre, es la urgencia del estómago que no entiende de compasión. La tela arrugada, salpicada de fluidos corporales, impregnada de hedores, se convierte en un tesoro sin brillo, en la única moneda que pueden comerciar con el mundo.

Porque esas prendas mugrientas, lejos de quedar en la fosa común del olvido, emprenderán un extraño viaje. Serán cargadas sobre hombros temblorosos y llevadas a las fábricas de papel, donde los trapos se convierten en pulpa, y la pulpa en hojas blancas, vírgenes. Allí, en tinas hirvientes, se disolverán las manchas de la muerte, los restos de sangre y entrañas, el sabor rancio de la derrota. La fibra textil renacerá limpia, intangible, sin memoria del horror que le dio origen.

De este modo, lo inmundo engendra lo bello. Las páginas puras, inmaculadas, que habitarán las bibliotecas y las manos delicadas de lectores futuros, no proclamarán su oscura genealogía. Nadie sabrá que esas hojas, tan tersas, tan dóciles, provienen de las vestiduras de un soldado caído, del sudario improvisado de un agonizante. La pulpa, blanqueada hasta el extremo, es una amnesia perfecta. Las palabras impresas sobre esas hojas, la poesía, el conocimiento, las ideas elevadas, vibrarán sin rastro de su origen maldito.

Esta alquimia siniestra transforma la miseria en soporte del saber. ¿Qué pensarían los lectores si pudieran oler el espectro del campo de batalla en sus libros? ¿Si el crujido de las páginas les revelara secretos viscosos? Sin embargo, el libro, ya en su estado final, yace en estanterías perfumadas, en salones iluminados, lejos del barro y las moscas. El lector desliza sus dedos por el papel sin sospechar la metamorfosis oscura que lo engendró. De la podredumbre al refinamiento, del cadáver a la palabra impresa, hay un abismo que la memoria rechaza.

Los mendigos, tras recoger sus fardos, parten en silencio, como hormigas fantasmas. La fábrica transformará esos harapos en un bien preciado, y las rotativas imprimirán la belleza del mundo sobre esas membranas limpias. Así, del espanto nace la cultura, del residuo nace la elegancia. La muerte, irónica, sonríe desde los márgenes. El lector, ignorante de este génesis, acariciará las páginas impecables, respirará el aroma del papel nuevo y creerá haber encontrado la perfección, sin imaginar el rastro espectral que aguarda, invisible, entre las fibras blanqueadas.

MONTECRISTO

Cada mañana, al cruzar la pesada puerta de hierro de la fábrica de tabacos, me envuelve un aire denso, cargado de un olor terroso, a sudor y a hojas que respiran su humedad callada desde los pilones apilados como colinas detenidas. Dentro, la penumbra es un refugio y una condena. Los cuerpos doblados sobre las mesas trabajan en un ritmo monótono, el filo de las chavetas deslizándose sobre las hojas de tabaco como una danza silenciosa. Pero yo llego con un propósito que quiebra esa monotonía, mis palabras.

Desde mi estrado, pequeño y elevado, siento que el mundo cambia cuando abro el libro. Mi voz, clara y firme, cruza las sombras y se derrama como una luz tenue, alcanzando a cada uno de ellos. No me miran, no del todo, pero sé que me escuchan.

En el eco de mi voz puedo percibir la tensión del silencio que se alza sobre el ruido de las chavetas y el roce de las hojas. Y entonces me siento, por un instante, como un aedo de antaño.

¿No soy yo como aquellos poetas antiguos, que llevaban en su pecho las gestas de héroes, las tragedias de los dioses, los secretos del mundo? Mi libro es mi lira, y con sus palabras, dibujo para ellos paisajes que jamás han visto, amores que nunca han tocado, tormentas y milagros que los arrancan del peso del día. A veces, cierro los ojos mientras leo, y es como si los caminos de la antigüedad se abrieran bajo mis pies, como si caminara entre bardos y trovadores, todos contando historias para salvar a los hombres de su propio tedio.

Hoy, el relato alcanza su crescendo. Los personajes están al borde de una traición que promete un desenlace cruel. La tensión en la sala es palpable, un hilo invisible que une las mesas, las manos, las lunas de acero y las almas. Respiro hondo antes de continuar, mi voz tiembla ligeramente con la emoción de lo que está por venir. Cada palabra se convierte en un paso, cada frase en un sendero que recorremos juntos, dejando atrás los carreteles y el polvo suspendido en el aire. Son almas suspendidas que repesco de las aguas procelosas de la imaginación, con un giro de guion, que deviene en admiración y entusiasmo, como cuando, arrebatados por la lectura de *El conde de Montecristo*, intermedie con el autor para que permitiera que un cigarro llevara el nombre de su héroe, Montecristo. Meses después llego su aceptación, y con ella la fiesta y la transformación de la artesanía en fetiche.

Pienso en los bardos que surcaban caminos, llevando tragedias y canciones. Ellos detenían su paso en las aldeas, bajo la sombra de un árbol, y encendían la chispa de la imaginación en quienes los escuchaban. Mi estrado no es un camino, pero mi voz busca el mismo efecto, encender algo dentro de mis compañeros. Veo cómo sus manos siguen trabajando, pero sus mentes están conmigo, lejos de esta nave sofocante. Sus guadañas se mueven con precisión automática, mientras sus ojos, aunque bajos, parecen mirar hacia otro mundo.

Los rapsodas, me digo, también tejían universos con su aliento. Su canto era un hilo dorado que unía a su público en un mismo sentir, y en este rincón oscuro intento hacer lo mismo. Aquí no hay dioses, no hay héroes de guerra, pero las historias que leo transforman el polvo en cenizas sagradas, las hojas de tabaco en remolinos de palabras que envuelven a todos. En esos minutos, la fábrica no es una fábrica. Es un teatro de sombras donde las tragedias de la literatura se funden con nuestras propias vidas.

A medida que la historia avanza, juego con las frases como si fueran notas musicales, modelando un ambiente único. En mi mente, construyo escenarios, el edificio gris de la fábrica se convierte en un castillo, en una selva, en un puerto lejano. Los personajes del libro parecen caminar entre las mesas, rozando los hombros de los operarios, y siento que, de algún modo, todo esto los humaniza, los une. En esos minutos, la fábrica deja de ser un lugar de trabajo; se transforma en un espacio mágico.

Cuando el turno de lectura termina, cierro el libro con un movimiento deliberado, casi ceremonioso. Un murmullo de decepción recorre la sala, como un eco leve que no llega a ser protesta. Veo sus rostros, algunos inexpresivos, otros todavía inmersos en la historia, como si la última palabra aún resonara en su interior. Sé que esperan con ansias la continuación, y esa espera es lo que les da un poco de luz en sus largas jornadas.

Bajo del estrado con el libro en la mano, sintiendo el peso de mi responsabilidad. Ellos no lo saben, pero cada vez que leo, también me redimo. Soy como los rapsodas, que con su voz construían mundos para quienes los escuchaban. Y aunque no recorra caminos ni plazas, sé que aquí, en este rincón sombrío, mis palabras logran algo similar, cruzar fronteras invisibles y llevarnos, juntos, a lugares donde la rutina no tiene poder.

En aquel rincón lúgubre, entre las prensas, los carreteles y el polvo del tabaco, mi voz es una pequeña rebelión. Una grieta en la monotonía. Una chispa de aquel antiguo fuego que los poetas, los bardos, los juglares y los trovadores encendieron hace siglos. Y esa es la razón por la que regreso cada día, con el libro bajo el brazo, para enfrentar juntos, con palabras, la dureza de nuestra rutina.

VALLE DE LECRÍN

El sol de verano se derrama sobre el Valle de Lecrín como una cascada de oro líquido, inundando cada rincón con una luz que parece tener vida propia, que late al unísono con cada suspiro del viento. Desde mi ventana, el paisaje se despliega como un lienzo viviente, los campos de trigo, un océano de espigas doradas, se extienden hasta donde alcanza la mirada, ondulando bajo la caricia de la brisa como si fueran olas en un mar tranquilo. Los canales de agua serpentean a través de la tierra con la delicadeza de hilos de plata, reflejando el cielo, un inmenso manto azul sin mácula, puro e inalterable. El calor se sospecha en el aire como un abrazo cálido y envolvente que acompasa el ritmo pausado de la tarde, invitando al sosiego y a la contemplación.

En mi habitación, un santuario de silencio y paz en este rincón apartado del mundo, encuentro el refugio perfecto para sumergirme en la lectura. Es sencilla, casi ascética, una cama que invita al reposo y una mesa donde reposa mi lámpara, fiel compañera en las horas de lectura. Pero es la ventana, ese marco al mundo exterior, la que confiere a este espacio su magia. Desde aquí, el universo se presenta como una extensión de mi propia conciencia. Los campos se mueven al compás del viento, el trigo dorado se inclina en reverencia a la brisa, y los canales de agua brillan bajo el sol como serpientes de cristal que se deslizan suavemente por el paisaje. Mientras leo, mis ojos se alzan de vez en cuando para contemplar esta sinfonía visual, dejando que la belleza del valle se entrelace con las reflexiones de Montaigne, creando una armonía perfecta entre el mundo interior y el exterior. «Lecrín» significa «valle de la alegría», y es precisamente esa euforia silenciosa la que impregna cada fibra de mi ser mientras mis ojos acarician el pensamiento vivo.

El libro que sostengo está desgastado por el tiempo y el uso, sus páginas frágiles como hojas otoñales, llenas de anotaciones y marcas que dan fe de las innumerables veces que he recorrido sus líneas. Las palabras de Montaigne, cargadas de sabiduría y profunda introspección, parecen cobrar vida aquí, en este lugar donde la naturaleza se convierte en espejo del alma. Es como si el murmullo del viento entre las espigas y el susurro del agua en los canales fueran la voz misma del filósofo, hablando directamente a mi espíritu. No hay distracciones, no hay ruidos que perturben la paz; solo el suave rumor de la naturaleza y el crujir ocasional de las páginas al pasar.

El sol sigue su camino, inclinándose lentamente hacia el horizonte, y la luz dorada que se filtra por la ventana adquiere una cualidad casi etérea, tiñendo la habitación con tonos cálidos y serenos.

El viento sopla con más fuerza, y las cortinas de la ventana se agitan como velas al viento. Afuera, el trigo dorado se ondula en una danza hipnótica, siguiendo una melodía inaudible que solo la naturaleza comprende. Los canales de agua reflejan el cielo en un espejo líquido, y en la lejanía, las montañas se alzan como gigantes dormidos, custodios silenciosos del valle. Es imposible no sentirse parte de este escenario, no dejar que su belleza cale hasta lo más hondo del ser, despertando emociones latentes.

El aire que entra por la ventana está cargado de aromas, el dulzor de las flores silvestres, el frescor de la hierba recién cortada, el sutil perfume de la tierra calentada por el sol. Todo parece confluir en una sinfonía de sentidos que enriquece el momento presente. Contemplo cómo la luz cambia, cómo los colores del paisaje se intensifican a medida que el sol desciende, pintando el cielo con pinceladas de fuego y púrpura. La lectura de Montaigne se entrelaza con esta belleza efímera, y siento que el acto de leer y el de contemplar son uno y el mismo, una forma de adentrarse en las profundidades de la existencia.

El sol se acerca al horizonte, y el valle entero se baña en una luz dorada que parece detener el tiempo. Las sombras se alargan, y el calor del día cede ante la frescura de la tarde.

Mientras el último rayo de sol desaparece tras las montañas, cierro el libro y me quedo mirando el cielo, ahora salpicado de las primeras estrellas que asoman tímidamente. El canto de los grillos comienza a llenar el aire, y una brisa fresca acaricia mi rostro. El Valle, con su belleza y su quietud, me ha regalado un espacio para reconectar conmigo mismo y con el mundo que me rodea.

El desván era un lugar sagrado, un refugio que olía a polvo y a secretos antiguos, un templo lleno de promesas, donde cada rincón ofrecía un misterio por desentrañar. Pero aquel día, el descubrimiento no fue casual, su padre lo condujo hasta un rincón cubierto por una vieja manta de cuadros y, con una sonrisa cómplice, reveló un tesoro. Bajo aquella tela aparecieron varios tomos de pastas marrones, voluminosos y gastados, pero con un aura magnética.

Eran míos cuando tenía tu edad, dijo su padre, limpiándose las manos con la manta y levantando una nube de polvo que hizo que ambos estornudaran. Tenía que esconderlos de tu abuelo, porque decía que los tebeos no servían para nada. Pero mira... aquí están, esperando a que alguien los lea otra vez.

El niño no necesitó más invitación. Con un cuidado casi reverencial, levantó la tapa del primer tomo. En su interior, ordenadas y encuadernadas con primor, estaban las historietas de *La Familia Ulises*, *Carpanta*, *Doña Urraca*, *Anacleto, agente secreto*, y tantas otras. Las páginas tenían los bordes amarillentos, y las tintas parecían haberse desgastado ligeramente con el tiempo, pero aquello no restaba ni un ápice de la magia que contenían.

Aquella tarde fue la primera de muchas. Sentado en el suelo del desván, con las piernas cruzadas y la luz del atardecer filtrándose entre las tejas, devoró una a una las historietas. Leyó y releyó las desventuras de Carpanta, siempre hambriento y buscando ingeniosas formas de conseguir comida; las peleas y malentendidos de Zipi y Zape, y las tramas alocadas de *13 Rue del Percebe*, donde cada viñeta era un microcosmos de caos y humor. Mortadelo y Filemón lo hacían reír hasta que las mejillas le dolían, mientras que las peripecias de Doña Urraca le resultaban extrañamente fascinantes, con ese humor oscuro que no terminaba de comprender del todo, pero que lo intrigaba profundamente.

Fue en aquellas horas solitarias, rodeado de silencio y polvo, cuando empezó a intuir que la lectura era algo más que pasar el tiempo. Había algo bello en el acto de perderse en esas páginas, de encontrar en cada viñeta una chispa que encendía su imaginación. Las historias no solo estaban dibujadas; cobraban vida en su mente, y él era tanto espectador como creador. Descubrió que leer era un acto de rebeldía silenciosa, un espacio privado donde la fantasía rompía los límites de la realidad.

Pronto, la lectura de aquellos tomos se convirtió en un ritual. Cada tarde, después de terminar los deberes, subía al desván, apartaba la manta y escogía uno de los volúmenes. A medida que pasaban los meses, se dio cuenta de que había memorizado muchas de las historias. Era capaz de recitar los diálogos completos de Anacleto, o de imaginar la expresión exacta de Carpanta cuando alguien mencionaba un banquete. Y en esa repetición, en ese ir y venir por las mismas páginas, comenzó a comprender algo esencial, la belleza de la lectura no estaba solo en descubrir historias nuevas, sino en habitar las conocidas, en volver a ellas como quien regresa a casa.

Pero su mundo lector no se limitó al desván. En la escuela, descubrió que otros compañeros compartían su pasión por los tebeos, aunque sus gustos eran diferentes. Fue así como conoció a *Spiderman*, *Superman*, *El Capitán América* y otros héroes del cómic americano. Las viñetas de acción, los trajes ceñidos y los poderes sobrenaturales ofrecían un contraste fascinante con el humor costumbrista de los personajes españoles. Las charlas en el patio se llenaron de debates sobre qué héroe era más fuerte o qué villano era más peligroso, y las meriendas escolares se intercambiaban por tebeos traídos a escondidas en las mochilas.

Con el tiempo, el niño creció y su mundo lector se expandió. Los tomos de aventuras lo llevaron a conocer a autores como Conan Doyle, con las pesquisas de Sherlock Holmes; Daniel Defoe, con las peripecias de Robinson Crusoe; Zane Grey, con los paisajes y dramas del lejano oeste; y Jack London, que lo transportó al rigor helado del Klondike. En las noches de tormenta, sentía el escalofrío de las narraciones de Lovecraft y Poe, mientras que los mares del Caribe y la selva hindú cobraban vida en las obras de Emilio Salgari y Rudyard Kipling. Julio Verne lo llevó al centro de la Tierra y más allá de las estrellas, mientras que Edgar Rice Burroughs lo hizo correr entre las lianas junto a Tarzán. Entre estas lecturas también estaban las emocionantes tramas de Rafael Sabatini, con duelos y conspiraciones que lo mantenían pegado a las páginas. También *La isla del tesoro* o *Los tres mosqueteros*, que parecían prolongaciones naturales de sus primeras lecturas; luego, obras más complejas, como las de Gabriel García Márquez o Jane Austen, que le enseñaron que las aventuras no siempre requerían espadas o mapas del tesoro. Pero los tebeos nunca lo abandonaron. Aunque pasó de llamarlos así a referirse a ellos como «cómics» o incluso «novelas gráficas», el amor que sentía por ellos permaneció intacto.

Ahora, como adulto, aún conserva aquellos tomos de pastas marrones. Están un poco más desgastados, y algunas páginas tienen las marcas del tiempo y las huellas de sus dedos infantiles. Sin embargo, cada vez que los abre, es como si regresara al desván de su infancia. Las risas, las aventuras y la magia siguen intactas.

La belleza de la lectura, reflexiona, es un viaje constante entre el pasado y el presente. En esos tebeos están las semillas de todo lo que ha aprendido a amar en los libros, la capacidad de asombrarse, de perderse en un mundo ajeno que, al mismo tiempo, se siente tan propio. La lectura, piensa, no es solo un acto intelectual; es una experiencia emocional, una manera de conectar con quienes fuimos y quienes somos.

Cuando hojea las novelas gráficas contemporáneas, encuentra en ellas los ecos de su infancia, la promesa de mundos nuevos, la invitación a imaginar. Sabe que, aunque los formatos cambien, la esencia de la lectura sigue siendo la misma, abrir una página y encontrar un espejo, una puerta, una ventana. Por eso, cada vez que regresa a los tebeos de pastas marrones, recuerda que leer es un acto de belleza, una forma de iluminar los rincones oscuros de la memoria y proyectar luz hacia el futuro, el pasaje hacia territorios que, como diría Walter Benjamin, constituyen espacios dialécticos ubicados más allá de lo demostrativo.

Pero tras el velo de la nostalgia, comprende que la belleza de la lectura también reside en su capacidad de evolucionar. Aquellas primeras experiencias no solo definieron sus gustos, sino que le mostraron la posibilidad de encontrar significado y consuelo en las palabras. En los tebeos, halló el germen del asombro; en las novelas gráficas, la riqueza de las emociones humanas; y en la literatura, la profundidad de las preguntas que aún hoy lo acompañan.

La lectura, reflexiona, no es solo una actividad, sino un diálogo. En cada página, uno habla consigo mismo, confronta sus miedos y sueña con futuros posibles. Y esa magia comenzó con aquellas tardes en el desván, rodeado de polvo y risas de tinta, donde la lectura se reveló como un viaje interminable de descubrimiento y creación. Un puente que conecta la imaginación infantil con las inquietudes de la madurez, demostrando que, mientras haya historias por contar, siempre habrá belleza en leerlas.

UN DESTINO CUMPLIDO

Había salido a media tarde, por la carretera que serpenteaba junto al río Tormes, entre los altozanos que se deslizaban hacia la ribera. La ciudad se iba desvaneciendo como un sueño disipado al amanecer. Los campos otoñales, teñidos de ocres y verdes apagados, extendían bajo el cielo claro un inmenso lienzo, un mar afortunado por el que navegaba la ciudad en los fríos días de invierno. Una luz dorada caía suavemente sobre las arboledas dispersas.

Conducía despacio, sin prisa, con destino a La Flecha, donde Fray Luis de León había encontrado su refugio secreto, su retiro sereno. Allí, junto al río, se alzaba una granja del siglo XVI, un enclave casi idílico que ofrecía paz y sustento a los frailes agustinos. Viñas, huertas, establos, corrales y hasta una aceña ribereña con un gran escudo de la orden grabado en sus tajamares, componían el cuadro de un lugar atravesado de sutiles transparencias. Las altas arboledas, los chopos que se alzaban como columnas vivas, el crujir de las hojas por el ímpetu del viento, el río que susurraba en la distancia con una voz antigua, el oratorio y el palomar, evocaban un pasado horaciano, un espacio dedicado a la contemplación y la calma.

Caminó lentamente por los senderos, dejando que el aire fresco de otoño lo envolviera. En su mente resonaban los versos de Fray Luis,

> Del monte en la ladera,
> por mi mano plantado tengo un huerto
> que, con la primavera,
> de bella flor cubierto,
> ya muestra en esperanza el fruto cierto.

En su mochila llevaba un libro que había cogido precipitadamente de su estantería, confiado en que la bondad del clima le permitiera disfrutar de una tarde de lectura campestre. Lo había adquirido años atrás en una feria del libro y hasta entonces había permanecido olvidado entre Cavafis, Neruda y Rilke. El título era *Los siete libros del Me-*

diterráneo, de un poeta granadino, una recomendación de un escritor amigo, descubridor inapelable de genios silentes o silenciados.

Se cobijó bajo un cedro junto al río, y al comenzar a leer, comprendió que esa elección espontanea había estado conducida por esa corriente subrepticia que une el azar y la necesidad, una especie de revelación que como un juego alquímico gobierna voluntades y albedríos. Las palabras comenzaron a fluir como las aguas que tenía frente a él, con una métrica precisa y una evocación tan intensa que, en su ritmo clásico, encontró algo que parecía eterno,

Decir adiós a la ciudad ingrata por quien tanto y en vano he siempre alzado —poniendo el alma en ello— mi voz, ahora en verso, ahora en prosa; decir adiós a su hermosura extrema, a la flor singular de su misterio, a sus cansadas torres de palpitante bronce, a la humedad sonora y aromada de sus viejos, recónditos jardines…

Leía en voz baja, saboreando las palabras como si fueran olas que golpeaban suavemente en su conciencia. Mientras lo hacía, resonaban en su mente las palabras de Kant, «Bello es aquello que agrada universalmente, sin concepto». Los versos no necesitaban un argumento ni un propósito definido; su belleza estaba en la forma misma, en el equilibrio perfecto de las palabras y las imágenes. Los poemas parecían creados para evocar un sentimiento de pertenencia, una conexión con algo mayor, pero esa conexión no tenía un destino claro. Era un viaje, no un hito de llegada. En ese punto le llegó el rumor de una lectura de Zadie Smith, «La belleza no es algo que resolvemos; es algo que habitamos». Así era la poesía del granadino, un espacio para habitar, no para resolver.

Vincularé Tu nombre al mío humilde, tu nombre azul y altísimo de sueños y de gestas, de dioses y de efímeras banderas… Tu nombre, sí, tu nombre, mar sagrado, mar venerable y nuestro.

El mar no estaba allí, pero podía imaginarlo, sentirlo cerca. En su mente, las colinas se transformaron en costas y el río en un brazo del Mediterráneo, cargado de historia y memoria. Los versos se ajustaban al lugar con precisión, como si aquel libro hubiese sido escrito para ser leído precisamente allí, en La Flecha, en medio de esa paz otoñal. El

Mediterráneo de Villena y el Tormes de Fray Luis se unían hermanando dos espacios estéticos, dos mundos poéticos que, por esa trabazón inexplicable, fortuita y mágica de la imaginación creativa, arbitraron el encuentro con otro poeta, distinto y distante, pero tan cercano como sus providenciales versos, «Desde estas altas rocas innombrables pudiera verse el mar», pareció anticipar ese momento, muchos años antes, el malogrado Pablo del Águila.

El milagro del acto de leer, encarnado en esa triangulación espontánea, se manifestó en la evidencia experimentada por todo lector y que bellamente había expresado Proust, uno lee para salirse de sí mismo, para viajar. Cada página de libro de Villena era un viaje, a las ciudades de mármol de la antigüedad, a los puertos bulliciosos, a los mitos que dormían bajo las olas. No necesitaba estar físicamente junto al Mediterráneo para sentir su presencia. El paisaje, con sus colinas suaves y su río tranquilo, era un reflejo del espíritu clásico evocado en el libro que tenía entre las manos, un escenario cuyas claves se le van desvelando poco a poco, imbuido de la capacidad de interpelar a los recuerdos de su infancia, a los afluentes, meandros y ramificaciones de la memoria. La lectura invocaba un mundo intermedio, un terreno fértil de significados convertido en reflexión, misterio, maravilla y belleza.

A medida que avanzaba en la lectura, se detenía en los fragmentos que hablaban de ciudades. Atenas, con sus mármoles bañados por la luz blanca del sol y sus sombras cargadas de filosofía y tragedia. Venecia, flotando como un espejismo en la bruma, sus canales resonando con la música de Vivaldi y el murmullo de conspiraciones olvidadas. Alejandría, la ciudad del conocimiento y de las llamas, un lugar donde el fuego no solo destruyó, sino que también purificó, transformando la memoria en mito.

Sin embargo, no era solo la belleza de estas ciudades lo que lo cautivaba, sino las sombras que Villena dejaba entrever en sus descripciones. La decadencia, el paso inexorable del tiempo, las ruinas que se alzaban como testigos mudos de un esplendor perdido. En esas sombras, encontraba un reflejo de sus propias dudas, de las grietas que el tiempo había dejado en su vida.

Mira los brotes nuevos —rosas, malvas y blancos— muy prietos en las ramas, los pobres jaramagos ornando de amarillo los senderos, la robustez del cedro, la nieve de Altair en su pureza, el cielo tan profundo, tan suavemente azul, tan lleno de dulzura…

Levantó la vista del libro y contempló el paisaje que lo rodeaba. Los chopos, las hierbas, el agua que corría entre las piedras, todo parecía hablarle en el lenguaje cifrado que Villena mencionaba. Allí, en la luz dorada del atardecer, la belleza de la naturaleza y la poesía se unieron en una armonía perfecta.

La luz comenzó a desvanecerse, y los tonos cálidos del día dieron paso a las primeras sombras de la noche. Cerró el libro y se recostó contra el tronco del árbol, pensando en el tiempo que había pasado allí, en ese huerto imaginario que Fray Luis había cantado siglos atrás. Estaba a punto de levantarse para regresar a Salamanca cuando, de repente, el aire se llenó de música.

Una alondra invisible comenzó a cantar desde la espesura del bosque. Se quedó inmóvil, temeroso de interrumpir aquel concierto espontáneo. La voz del pájaro era pura y poderosa, una melodía que parecía surgir de las entrañas de la naturaleza. Cerró los ojos y, por un instante, tuvo la ilusión de estar escuchando al propio Fray Luis, al gran poeta agustino, cuya alma, quizás, seguía habitando aquel lugar.

Mientras guardaba *Los siete libros del Mediterráneo* en el bolsillo de la mochila, supo que esos versos seguirían con él, como olas que no dejan de regresar. La belleza de la lectura, pensó, era precisamente esa, una invitación a ocupar un espacio donde el tiempo, el pasado y el presente convergieran en un instante eterno, un instante de plenitud en el que, como decía Susan Sontag, nos encontremos no solo con lo que somos sino, sobre todo, con lo que podríamos ser.

Condujo de vuelta a Salamanca mientras el cielo se teñía de azul profundo y las primeras estrellas vencían su timidez cósmica. Las palabras de Villena y los versos de Fray Luis seguían resonando en su mente, acompañados por el recuerdo del canto vespertino. En la oscuridad que lo envolvía, sintió ese hilo invisible que conectaba todas las cosas, el puente entre los hombres, la naturaleza y los siglos, y que no había un solo Mediterráneo, sino muchos, tantos como lectores pudieran encontrarse con esas páginas. Cada uno llevaba dentro un mar propio, un espacio donde las corrientes de la memoria, el deseo y el temor se entrelazaban en una danza interminable. Se dio cuenta de que no solo había explorado los paisajes que Villena describía, sino también los suyos propios. El Mediterráneo no era solo un lugar, sino un estado del alma.

LA DIALÉCTICA DEL TIEMPO

El aire, lánguido y polvoriento, en la penumbra de aquel marzo, apenas rozaba las calles de Buenos Aires. Alejandra Pizarnik, con la turbación interior de sus diecisiete años, penetró en una librería como quien ingresa a un santuario oculto. Las estanterías abigarradas eran viejos bosques petrificados, y sus manos, temblorosas, se enredaron con un volumen oscuro, escurridizo como un pez abisal, *Ulises*, James Joyce. Traducción, José Salas Subirat. La portada le susurró claves inasibles, lo tomó y se lo llevó contra el pecho, temiendo que hasta el soplo de la calle lo disipara.

Alejandra no sabía entonces que sostenía en sus manos el eco de otra odisea, la de Sylvia Beach, quien, al otro lado del mundo y varias décadas atrás, había luchado para dar vida a ese libro. En el París de los años veinte, Sylvia se movía entre cafés abarrotados de intelectuales, en una ciudad que bullía entre propuestas filosóficas y artísticas. Allí, en su librería Shakespeare and Company, Sylvia había asumido el desafío de publicar la obra monumental de un autor irlandés exiliado. Joyce pedía revisiones interminables, añadía y corregía hasta extraviar el sentido original, todo mientras sus ojos, cada vez más débiles, apenas podían descifrar las pruebas tipográficas. El maquinista del tren Dijon-París fue el héroe inesperado que entregó a tiempo los ejemplares para el cumpleaños número cuarenta de Joyce, una fecha que parecía tan arbitraria como urgente.

De vuelta en su cuarto, Alejandra respiraba el aire denso de sus propias ansiedades adolescentes. Las paredes, cargadas de posters y libros acumulados, eran un refugio febril que resonaba con su búsqueda de infinitud. Allí, inició un descenso circular por los pliegues del texto. Con tinta morada talló el papel, marcando palabras incomprensibles, oscuras, pero no por ello menos seductoras. La extrañeza de la prosa era un paisaje lunar, un enigma rocoso. No comprendía del todo, pero allí anidaba una belleza mineral, salvaje, insoportablemente pura. Aquella oscuridad la retaba de la misma manera en que la lengua de Joyce había desafiado a Salas Subirat.

En su rincón porteño, el autodidacta Salas Subirat, silencioso y obstinado, había domado la maraña idiomática de Joyce para abrir un camino hacia el español. Sin formación académica ni padrinazgos literarios, su traducción era una batalla personal, una senda de espinas que quebraba jerarquías y desafiaba los moldes de la lengua. La versión castellana del *Ulises* no era un espejo del original, sino una interpretación apasionada, cargada de resonancias locales y giros arriesgados. Alejandra percibía esa dificultad no como un muro, sino como una selva de signos donde lo oculto prometía luciérnagas azules.

Aquella experiencia tenía un reflejo transatlántico en las tensiones de Sylvia Beach. Su pequeña librería se convirtió en el centro de una empresa casi imposible, encontrar suscriptores, coordinar impresores y lidiar con las incesantes demandas de Joyce. Sylvia, con la lista en mano que incluía desde Winston Churchill hasta George Bernard Shaw, luchaba contra el escepticismo de su época.

Alejandra, Sylvia y Salas Subirat compartían, en tiempos y espacios distintos, el acto de enfrentarse a lo arduo y lo incomprensible. Todos ellos, de maneras distintas, encontraron en *Ulises* una suerte de odisea personal, un viaje donde el destino no era comprender, sino habitar el lenguaje.

El poema mayor, entendió Alejandra, no siempre pide ser entendido, sino presenciado. Así como Sylvia veía en la complejidad de Joyce una razón para perseverar, y Salas Subirat se enfrentó al texto con la soledad del pionero, Alejandra descubría que la gracia del *Ulises* radicaba en su resistencia. La dificultad no era un obstáculo, sino una invitación a crear su propia luz, a encontrar en la penumbra ese jardín nocturno donde lo oscuro revelaba flores insólitas y constelaciones diminutas.

En última instancia, ese era el legado del *Ulises*, una belleza indómita que se resistía a ser domada por el tiempo o el entendimiento. Una obra que, como la propia vida, exigía ser vivida con todas sus aristas, sombras y destellos. Una odisea perpetua, un desafío que seguía latiendo en las manos temblorosas de sus lectores.

ENTRE FANTASMAS

Era un lector de espectros, de esos libros malditos que parecen condenados no al olvido, sino a la lectura perpetua. Obras únicas, gestadas en el núcleo de la tradición y, sin embargo, irrepetibles, como si fueran un estallido semántico destinado a resonar una sola vez. Así veía él a *Pedro Páramo*, no como una historia, sino como un mecanismo de relojería que se activaba justo en el momento necesario, para quien supiera escuchar los silencios entre sus palabras. Una obra sin descendencia, sin reflejo, hecha para existir únicamente en la intimidad del lector con las letras y los vacíos que las sostienen.

Abrió el libro en una tarde callada. Afuera, el sol caía pesado sobre los tejados, pero en su interior comenzaba a formarse otra luz, una luz sombría y abrasadora que emanaba de las primeras líneas. Las palabras de Rulfo no parecían escritas, sino pronunciadas por voces que venían de un lugar remoto, voces que pertenecían más a la tierra que al aire. Sintió el peso de Comala, un pueblo donde los muertos no estaban realmente muertos, y los vivos no eran más que sombras condenadas a vagar. Y mientras leía, supo que estaba ante un libro maldito, no porque fuera oscuro o prohibido, sino porque era irrepetible, como un relámpago que nunca ilumina dos veces el mismo cielo.

Era como entrar en un sueño que no le pertenecía, pero que reconocía de alguna manera. Las voces sueltas que integraban la novela parecían unidas no por un hilo, sino por el vacío entre ellas, por un tiempo que fluía en desorden, desafiando cualquier cronología lineal. Abundio, el arriero, le decía a Juan Preciado que Pedro Páramo era «un rencor vivo», y esa frase se le quedó clavada, reverberando en su mente como un eco que no terminaba de apagarse. Comala no era solo un pueblo; era un espejo oscuro donde veía reflejada su propia orfandad, sus propios rencores, sus propias ausencias. Y así, mientras leía, se dio cuenta de que no estaba simplemente siguiendo una historia, sino habitando un lugar tejido de interrupciones y pausas. En esos vacíos, el tiempo mismo parecía suspenderse, y los sucesos sin ilación clara se unían a través de zonas en blanco que el lector debía llenar, como si estuviera recorriendo calles desiertas donde las ánimas murmuraban más alto que los vivos.

Era un lector acostumbrado a dejarse acompañar por imágenes y sonidos en otros formatos. Pero sabía, desde las primeras páginas, que este no era un libro que pudiera encontrar en otra parte. No podía imaginar a Comala proyectada en una pantalla, ni las voces de sus personajes pronunciadas por actores. Todo lo que veía, todo lo que sentía, ocurría en un espacio íntimo que solo el texto podía abrir. Pensó en otras obras como esta, en *Bajo el volcán*, en *Cien años de soledad*, en *Ulises*, en *En busca del tiempo perdido*. Todas compartían esa misma naturaleza intransitiva, esa imposibilidad de ser algo más que palabras. No podían ser imitadas, porque lo que las hacía únicas era el silencio que las rodeaba, el vacío que el lector llenaba con su imaginación.

A medida que avanzaba, se encontraba cada vez más envuelto en los murmullos de Comala. Las palabras de Susana San Juan le llegaban como un delirio, una fiebre que se desbordaba más allá de los límites de la página. Los tiempos se superponían, y lo que ocurrió antes se contaba de nuevo, a veces antecedido por un pasado remoto que parecía emerger sin aviso. ¿Cómo podía alguien capturar eso en una imagen, en un sonido? Era imposible. Esos fantasmas solo existían en las palabras, y las palabras solo vivían en su mente. Él mismo, como lector, era parte del ciclo de vida de la novela, parte de la perpetuidad de ese mundo de muertos que no terminaban de irse.

Cuando llegó al final, no supo si había salido de Comala o si Comala había quedado en él. Cerró el libro y sintió que el aire en la habitación se había vuelto más denso, más cargado de presencias. Miró el lomo gastado del ejemplar, las páginas ligeramente amarillentas, y supo que había atravesado un lugar que no podía ser encontrado en ninguna otra forma. Comala, Pedro Páramo, Susana San Juan, Abundio… todos ellos seguían allí, en algún rincón de las letras, esperando al próximo lector que se atreviera a escuchar sus voces y a habitar los silencios entre ellas.

Era un lector de espectros, y ese día había escuchado los murmullos. No sabía si volvería a Comala, pero entendía que, de algún modo, nunca había salido de allí. Porque no hay otro espejo donde mirar esta historia que en el de las letras, en esa intimidad inquebrantable que solo los libros malditos, los irrepetibles, pueden ofrecer.

LA DESTRUCCIÓN O EL AMOR

Las máquinas trabajaban con un ruido sordo, implacable, como si quisieran acallar cualquier rastro de protesta. El editor, de pie frente al vasto montón de libros apilados, sentía el peso de algo que no era solo papel. Era una montaña de ideas, de historias, de sueños desechados. Los lomos de los volúmenes, aún intactos, se alineaban como lápidas en un cementerio improvisado. A pocos metros, la guillotina comenzaba su trabajo. Cada golpe era un recordatorio brutal de la fragilidad de aquello que un día había sido celebrado como eterno, la palabra escrita.

Había vendido lo que había podido, intentado salvar lo que creía indispensable. Pero en el negocio de los libros, la belleza y la trascendencia eran conceptos frágiles frente a la realidad de los balances. Ahora esos libros, rechazados por los lectores, olvidados en estanterías de librerías y almacenes, serían reducidos a pulpa. Convertidos en nada.

El editor cruzó los brazos, su mirada fija en las máquinas, pero perdida en sus pensamientos. Había algo profundamente bárbaro en aquel acto, en la guillotina que cercenaba los libros, en el polvo que levantaban las páginas al ser trituradas. Y sin embargo, no podía ignorar la extraña lógica que sustentaba esa barbarie. Los libros, por más que los amara, no eran intocables. Eran objetos. Objetos que cumplían un propósito y que, cuando este se agotaba, debían dejar paso a otros.

Pero ese pensamiento no lo consolaba. Había algo sacrílego en aquello, como arrancar las raíces de un árbol antiguo o demoler una casa llena de historias. Cada golpe de la máquina era un eco de todas las decisiones que lo habían llevado hasta allí. ¿Qué significaba ser editor en un mundo que podía guillotinar un libro sin pestañear? Su oficio no era solo publicar; era, de algún modo, jugar a ser dios. Decidir qué palabras merecían ser impresas, qué historias debían ser contadas, qué voces debían silenciarse. Y ahora, la máquina, indiferente, le recordaba que incluso las palabras elegidas podían ser borradas.

Miró uno de los volúmenes antes de que fuera lanzado a la trituradora. Era una novela que había defendido con pasión en su momento, convencido de que encontraría lectores, de que tocaría algo en ellos. No lo hizo. El libro, ahora condenado, le devolvía la mirada con su portada intacta, como un testigo mudo de un fracaso compartido. El editor lo tomó en sus manos, sintiendo el peso físico del volumen. Pesaba poco, pero en ese momento le pareció un yunque.

Había amado ese libro, y quizás eso era lo que más le dolía. Los libros que odiaba o que le habían sido indiferentes pasaban por la guillotina sin remordimientos. Pero los que amaba, los que le habían conmovido, esos se le clavaban como espinas. Los libros rechazados no eran solo mercancía invendida; eran promesas incumplidas, sueños que no habían llegado a destino. ¿Qué era más cruel, el olvido del lector o la guillotina del editor?

Las máquinas seguían trabajando. El editor se preguntó por qué, a pesar de todo, seguía en ese oficio. ¿Era la lectura, la palabra, realmente tan importante? Había llegado a aborrecer el discurso melifluo que idealizaba a los libros como salvadores universales, como si leer automáticamente hiciera mejores a las personas. Había leído demasiados libros para creer en esa mentira. Había visto demasiados lectores arrogantes, mezquinos, capaces de acumular volúmenes sin entender una sola línea de su contenido. Y sin embargo, allí estaba él, defendiendo, publicando, creyendo, incluso en contra de la evidencia.

Había belleza en los libros, pero no la que pregonaban los clichés. La belleza no estaba en las frases empalagosas ni en las ediciones con gatitos en las portadas. Estaba en la lucha por encontrar algo verdadero entre tantas palabras, en el esfuerzo de cada lector por conectar con algo que lo trascendiera. La belleza de un libro estaba, pensó, en su inutilidad esencial, no servía para nada práctico, y por eso mismo era indispensable.

Un nuevo golpe de la máquina lo sacó de sus pensamientos. Los libros caían en pedazos, sus páginas desparramadas como hojas en otoño. Recordó las pilas que había formado en su casa durante cada mudanza, los libros que conservaría, los que regalaría, los que donaría. ¿Qué era, al final, un libro? Un objeto, sí, pero también un gesto. Una puerta que se abría hacia lo invisible, una chispa que podía encender algo en el corazón o apagarse sin dejar rastro.

Algunos libros no merecían ser conservados, pensó. Pero incluso esos tenían un extraño poder. Los libros que odiamos, los que nos irritan o nos desconciertan, dejan una marca más profunda que los que nos agradan. Esos eran los que siempre conservaba, aunque le doliera admitirlo. Guardaba el veneno como un recordatorio de que la lectura no debía ser complaciente. Al fin y al cabo, como defendía Villoro, leemos para seguir leyendo, la página más apasionante es la siguiente.

Ahora, al verlos transformarse en pulpa, se preguntó si el olvido era el destino más justo para algunos de ellos. Pero no podía ignorar que esa destrucción también era un acto de memoria. La guillotina no borraba las palabras; las transformaba. Las historias vivían en otros lugares, en las mentes que las habían leído, en los ecos que habían dejado.

La última pila de libros estaba a punto de desaparecer. El editor cerró los ojos por un momento, tratando de asimilar lo que había visto. No era solo la pérdida de los libros lo que le dolía; era la pérdida de la posibilidad. Cada volumen destruido era una oportunidad que nunca se había concretado, una voz que había quedado sin oyentes. Pero también sabía que ese ciclo era necesario. Los libros, como las personas, no estaban hechos para durar para siempre. Su belleza estaba precisamente en su fragilidad.

Cuando abrió los ojos, la sala estaba vacía. Las máquinas se habían detenido, el polvo se asentaba en el aire, y las estanterías donde antes se habían acumulado los libros estaban ahora desnudas. El editor se quedó un momento más, contemplando el espacio vacío. Había perdido algo, sí, pero también había ganado claridad. La belleza de los libros no estaba en su permanencia, sino en su capacidad de tocar algo en nosotros, aunque fuera por un instante.

Caminó hacia la salida, dejando atrás la guillotina y las pilas de pulpa. Afuera, el mundo seguía, indiferente al destino de esos libros. El editor sabía que volvería a su oficina, que seguiría buscando nuevas historias, nuevos autores, nuevas voces. Y aunque muchos de esos libros terminarían en el mismo lugar que los de hoy, no podía evitar creer, testarudamente, que alguno encontraría su lector. Y eso, pensó, era suficiente para seguir adelante.

UNA LECTURA ACADÉMICA

No podía levantarse, no podía sentarse. Solo podía existir doblado, acurrucado, con las rodillas temblando y las manos extendidas hacia el límite de la celda. Así comenzó su relación con la lectura, en el espacio cerrado donde no hay salida.

Al principio, era animal. Rozaba las cubiertas con los dedos torpes y lamía las oraciones con el hambre ciega del instinto. Sollozaba ante las palabras incomprensibles, como quien solloza por un idioma perdido. «Debo encontrar una salida», pensó, aunque todavía no entendía qué significaba aquello. Porque la libertad era un término demasiado amplio y engañoso, y él no buscaba alas, sino una grieta en el muro. Solo una rendija, aunque fuese falsa. Porque para quien está atrapado, hasta un engaño sirve como puerta.

Fue entonces cuando comenzó el aprendizaje. Observaba a los hombres que leían como si fueran libres, aquellos que dejaban caer las palabras en sus labios cómo botellas de licor, aquellos que se recostaban con gesto teatral, con las piernas cruzadas y los ojos vencidos por un sueño plácido. El lector los imitaba. Escupía palabras al aire, las recogía en la mente y, aunque se atragantaba una y otra vez, persistía. Aprendió a fingir que entendía lo que leía, porque los humanos a su alrededor aplaudían cualquier simulacro de comprensión.

Al principio, la lectura fue un acto de imitación. Leyó porque otros le habían enseñado cómo hacerlo. Descifró las frases con una lentitud dolorosa, como si cada palabra le desgarrara el paladar. Alguien le entregó un poema una noche, como quien arroja una llave en la jaula de un prisionero. Y el lector, temblando, lo recitó hasta que los versos dejaron de ser ajenos y comenzaron a brotarle desde adentro.

Una imagen irrumpió en su mente como un fogonazo ancestral, un amanecer remoto, el silencio apenas roto por gruñidos y golpes sordos. Una tribu de simios vagaba entre las piedras y la arena.

Peleaban por charcos de agua y raíces marchitas, sus manos inútiles y vacías. Entonces, uno de ellos vio el hueso. Un resto abandonado, un símbolo todavía sin significado. Lo levantó.

El lector sintió el peso del hueso en sus manos, como si lo sostuviera él mismo. Al principio, el primate golpeó con torpeza, probando su fuerza contra la tierra. El ruido le devolvió algo parecido al pensamiento, el acto de transformar el mundo. El golpe se repitió. Cada vez más rápido, cada vez más furioso. El lector pudo ver cómo los ojos del primate se encendían con una chispa, con esa primera embriaguez de la inteligencia naciente.

El hueso se volvió un arma. Cayó sobre la tribu rival, sobre el cráneo de los otros, y trazó con sangre el comienzo de la historia. La victoria fue primitiva y eufórica. El simio alzó el hueso al cielo y lo lanzó. Y entonces, como en un sueño prodigioso, el hueso ascendió girando en el aire, su silueta perdiéndose entre el amanecer, camino del vacío infinito donde la danza de las estrellas acogió una elipsis metafórica.

Porque en algún punto del trayecto, la jaula había desaparecido. O quizás se había hecho tan grande, tan vasta, que el lector confundió sus límites con el horizonte. Y en esa vastedad, en ese encierro que ya no tenía muros visibles, se convirtió en otra cosa. Porque lo que había comenzado como una huida terminó siendo una transformación. La lectura lo atravesaba, lo moldeaba, lo hacía menos animal y más... *otra cosa*.

—¿Qué es usted? —preguntaban quienes lo observaban, curiosos, al verlo deambular con un libro entre las manos.

—Soy lo que leo —respondía, y nadie entendía la respuesta.

Leer era alzar el arma que vence, pero también lanzar la mente al vacío y dejar que en su ascensión se transforme en otra cosa, en algo inmutable, enigmático e inalcanzable. Porque la lectura no da respuestas. Solo sugiere preguntas imposibles. Había golpeado con las palabras hasta desgarrar el mundo, hasta transformarse en una sombra más del monolito.

EL UMBRAL DE LA BELLEZA

La insoportable levedad del ser, El corazón es un cazador solitario, Tiempos de guerras perdidas, Mañana en la batalla piensa en mí, Si esto es un hombre, El desvelo de Ícaro, Si una noche de invierno un viajero, Apócrifo del clavel y la espina, La Habana para un infante difunto y tantos otros que por la armonía de su composición, por la paradoja incierta de su evocación, por su carácter enigmático y sugerente, por el secreto magnetismo de sus ingredientes, provocaban el inexorable deseo de la lectura, con premeditación y alevosía, de manera acrítica e irracional, con la convicción de que tras el pórtico deslumbrante únicamente se podría encontrar la belleza. ¿Qué otra cosa se podría respirar tras *A la sombra de las muchachas en flor*, O tras *Crónica del pájaro que da cuerda al mundo?* Había algo profundamente evocador en un título bien logrado. Un buen título no era solo un nombre; era una invitación, una puerta entreabierta que sugería mundos, emociones y pensamientos sin llegar a revelarlos. Es un destello, una chispa que enciende la imaginación y promete un universo que aún no existe para el lector, pero que podría existir si decide adentrarse. La lectura, y su belleza, empiezan a rebelarse, entre otros muchos actos en esa sala de espera metafórica y turgente que unas veces invita a quedarse y otras a huir.

Un título lúcido, como un amanecer claro, ilumina la intención de un libro sin despojarlo de su misterio. *Cien años de soledad* fue un fogonazo lírico, una ventana a la inmensidad del tiempo y a la densidad de la experiencia humana. Antes de abrir el libro, ya se intuye una épica, un viaje marcado por el peso del aislamiento y la conexión con la memoria, el borde de un abismo que no se puede ignorar. *El ruido y la furia* parece una descripción emocional, tormentosa, al tiempo que evoca un caos vibrante y cargado de significado. ¿Qué es ese ruido? ¿Qué es esa furia? Es un título que exige atención, que pide ser leído para comprender, y al hacerlo, se entra en un mundo desgarrado, de relatos cruzados, de plenitudes e indigencias. *El corazón de las tinieblas* de Joseph Conrad participa de esa misma naturaleza. No describe, no explica, pero sugiere la profundidad insondable de lo que nos espera, como un latido que resuena en las sombras. Nos atrae porque evoca el pavor que acompaña a todo descenso al misterio, la lectura como una travesía hacia lo desconocido. Ahí reside la belleza del título, en su capacidad para intrigarnos, para lanzarnos a una exploración sin brújulas, sin otro afán que el de comprender, que el de desentrañar la verdad, la denotación encapsulada en una palabras terminales, tan afortunadas que, a veces, se convierten en la parte más citada de la obra.

Su belleza radica en su capacidad para convertir la paradoja en arte, en concitar el poder evocador de una miniatura en la que volumen y densidad son magnitudes contrapuestas. Testigos últimos de nuestros actos de lectura, se esconden y reverberan durante años en los rincones de la memoria, restallando como látigos cuando las obras, incluso las más queridas, constituyen un testimonio del olvido. Decimos *Bella del Señor*, y recibimos una descarga de adrenalina sin contenido específico, una evocación de momentos felices, de paz y serenidad navegando por sus cientos de páginas concentrados y dichosos. Herméticos para el recuerdo, los títulos escapan por las rendijas de la memoria, son condena y son destino, palabras solo hechas de otoño y seda, como diría Paul Celan, y también, algunas veces, de nada.

MI AMIGO LUIS

La maquila del molinero no solo es el tributo que se queda como pago por su trabajo, sino también una metáfora de cómo, entre las rutinas más insignificantes, a veces se destila lo esencial. Algo tan leve como un libro olvidado sobre una mesita puede convertirse en la semilla de una obsesión que trascienda los años y las circunstancias.

Fue un invierno gélido en Granada, de esos que paralizan las manos y agrietan los labios. Tenía 13 años y había ingresado ese curso en un instituto nuevo. La mudanza de colegio había sido, para mí, como el inicio de un capítulo en blanco, con la ansiedad que acompaña siempre al papel vacío. Fue allí donde conocí a Luis, un chico moreno y de ojos oscuros que hablaba con una intensidad poco común para nuestra edad. Lo que nos unió, más allá de nuestras charlas sobre el pueblo donde su abuela había sido maestra, fue nuestra afición desmedida por los libros. Cada encuentro era una especie de ceremonia de intercambio, tú me das este, yo te recomiendo aquel. Los libros viajaban entre nuestras mochilas como mensajeros inciertos, también nuestros descubrimientos y advertencias entusiastas, en las tardes de ocio y melancolía, cuando deambulábamos por el bar Enguix, el Bimbela, la Sabanilla o los billares Capitol, entretejiendo partidas de ping-pong con emplazamientos literarios, ensayando simulacros de madurez y glorias venideras.

Una tarde, el invierno se cebó conmigo. La tos seca y el escozor en el pecho anunciaron una bronquitis aguda. En esa época, la enfermedad no era motivo de aislamiento, sino una excusa para reforzar los lazos. Las visitas de los amigos eran un alivio en medio de la fiebre y el tedio. Luis llegó con su carpeta bajo el brazo, y tras una breve conversación, extrajo de ella un libro y me lo ofreció.

—Ya lo he leído —me dijo—. Seguro que te gusta.

Era un volumen humilde, de tapas azuladas y páginas quebradizas de la colección Austral. El título, *Las inquietudes de Shanti Andía*, y el nombre de Pío Baroja no me provocaron gran entusiasmo. Para mí, Baroja no era más que un sonido arrastrado por la pátina del sistema educativo, un representante de la Generación del 98, tan reverenciado como distante. Agradecí el gesto y dejé el libro en la mesita, con la idea de integrarlo discretamente en las estanterías familiares en cuanto me levantara.

Cuando Luis se fue, reparé en que varias páginas estaban dobladas. Aquello despertó mi curiosidad. Cogí el libro y empecé a hojearlo, buscando las marcas. Había también pasajes subrayados, como si fueran las migas de pan que dejara un lector anterior para orientarse en el bosque del texto. Uno de ellos decía,

Tengo que hablar de mí mismo, en unas memorias es inevitable. Además de mi apatía e indolencia, exagerada un tanto por mis convecinos los luzarenses para presentarme como un tipo estrambótico, soy un sentimental y un contemplativo. Me gusta mirar, tengo la avidez en los ojos; me quedaría contemplando horas y horas el pasar una nube o el correr una fuente. Quizá viviendo en tierra se hubiera desarrollado en mí el sentido musical, como en muchos de mis paisanos; en el mar se ha ampliado, se ha alargado mi sentido óptico. Muchas veces me he figurado ser únicamente dos pupilas, algo como un espejo o una cámara obscura para reflejar la Naturaleza.

Aquellas palabras tenían una magia inesperada. No eran ni rancias ni soporíferas. Había en ellas algo que conectaba con una parte inexplorada de mí. Movido por la curiosidad y el morbo de espiar las preferencias de mi amigo, seguí leyendo, primero las partes subrayadas, luego las no marcadas. Para cuando quise darme cuenta, estaba atrapado. Las aventuras de Shanti Andía, su amor por el mar, su reflexión íntima y su carácter melancólico me absorbieron completamente. No descansé hasta terminarlo ese mismo día.

Mi fascinación por Baroja se convirtió en un ritual. Cada verano, buscaba sus trilogías en librerías de segunda mano, husmeando entre los anaqueles con la emoción de un arqueólogo. Su prosa, a veces austera, otras apasionada, se convirtió en un refugio contra el ruido del mundo. Incluso en los momentos más oscuros, cuando la vida parecía desmoronarse, siempre encontraba consuelo en sus palabras.

Con el tiempo, entendí que aquel encuentro con Baroja no había sido casual. Hay libros que nos eligen, que nos esperan agazapados en los rincones más insólitos de nuestra vida cotidiana, listos para revelarse cuando menos lo esperamos. La belleza de la lectura está precisamente en eso, en su capacidad para surgir de la nada y transformarlo todo. Hoy, cuando el cansancio de las repeticiones y la superficialidad literaria me abruma, vuelvo a Baroja. Sus palabras tienen el poder de reconectarme con aquella versión mía de 13 años, con el niño que descubrió la literatura como una aventura infinita.

Luis y yo seguimos caminos distintos con el tiempo, pero aquella amistad marcó una de las épocas más felices de mi adolescencia. Y aunque hemos perdido el contacto, cada vez que abro un libro de Baroja, siento que su espíritu sigue presente, guiándome como un faro en la bruma de mi memoria.

La lectura, al igual que la vida, tiene un modo extraño de revelarse. A veces, lo que parece un simple azar —un libro dejado al descuido, una conversación trivial— se convierte en una necesidad, en una parte esencial de lo que somos. Porque, como Baroja escribió, «¿qué es la curiosidad sino el deseo de saber, de comprender lo que se ignora?». Y yo, como Shanti Andía, siempre estaré dispuesto a enfrentar los peligros de la curiosidad, porque en ellos reside el verdadero significado de la vida.

A veces, pienso que hay una especie de justicia poética en este proceso. Como el molinero que guarda la maquila, el lector también se queda con lo esencial, con aquello que transforma el grano disperso de la rutina en el pan nutritivo de la necesidad. Y es que, como decía Shanti Andía, «A mí me gusta ver; y si hay una molestia o un peligro para satisfacer mi curiosidad, no tengo inconveniente en afrontarlo».

LA ÚLTIMA LECTURA

En el umbral de la penumbra, mientras las últimas fuerzas abandonaban su cuerpo, las palabras emergieron como espectros convocados por una voluntad inefable. Surgieron primero con la lentitud de un rocío que gotea desde el borde del sueño, trenzando su memoria con hilos de belleza y desasosiego. En la hondura de su mente, la voz de Borges reverberaba con una gravedad casi litúrgica, «He cometido el peor de los pecados que un hombre puede cometer. No he sido feliz». La frase no era solo una sentencia; era un eco que se expandía como una grieta en el silencio, el único consuelo posible frente a la fragilidad del tiempo. La felicidad, ese espejismo que siempre persiguió en las palabras ajenas, parecía ahora una quietud resignada.

El pitido del monitor quebraba la quietud con ritmos desiguales, un código indescifrable que no podía penetrar su abstracción. En su mente, las citas se derramaban como un río desbordado, imposibles de contener, enmarañándose en un tejido de significados contradictorios. En medio de aquella corriente, divisó al Quijote, el caballero errante, envuelto en la arena dorada de su locura. «¿Qué gigantes?», resonó la pregunta, no como un recuerdo, sino como una iluminación instantánea. Los molinos de su vida habían sido innumerables, cada uno más obstinado y cruel que el anterior. La imagen de Alonso Quijano, el héroe derrotado por el pragmatismo, se fundía con él mismo, el lector desposeído de toda certeza salvo la de su fugacidad.

Un latigazo de palabras cortó el flujo, «Madame Bovary, c'est moi». Emma Bovary surgía, atrapada en el delicado equilibrio entre la promesa irrealizable y la resignación. Su mirada evocaba las vidas —ficticias y reales— que había absorbido como propias, diluyendo las fronteras entre lector y personaje, entre memoria y ficción. Cada libro le había ofrecido un fragmento de verdad, un prisma que refractaba su alma en infinitos matices, y ahora, al borde de lo irreparable, todos esos destellos se reunían en un único relámpago.

El sonido del monitor se tornó irregular, como el tamborileo de un corazón perdido en la espesura. Pero su conciencia ya no pertenecía al lecho del hospital; vagaba por las cloacas de París, siguiendo a Valjean mientras cargaba el cuerpo de Marius en una odisea de sombras. La oscuridad de aquellas alcantarillas era también la suya, la del último lector que, cargado de sus propios fantasmas, avanzaba hacia un destino incierto. Recordó las hojas secas de aquel otoño lejano, el parque desierto donde leyó por primera vez *Los Miserables*, con el crepitar de las ramas acompañando las páginas. El aroma de la tinta vieja y del café recién hecho se entrelazaba con el pesar de Valjean, ambos impregnados de la irrevocabilidad del sacrificio.

El torrente de citas se aceleró, abriendo fisuras en su realidad menguante. De pronto, resonó como una sentencia oracular, «El verdadero viaje… no consiste en buscar nuevos paisajes, sino en mirar con nuevos ojos». Las palabras de Proust no eran una simple remembranza, sino un pórtico hacia la revelación final, la lectura, ese acto de trascendencia, le había otorgado una óptica distinta para contemplar el mundo. Cada página había sido un espejo fragmentado que reflejaba las formas ocultas de la existencia.

El viento de las praderas barría los pasillos de su mente, arrastrándolo hacia las cumbres tormentosas de Brontë. «Soy Heathcliff», clamó Catherine desde el corazón del delirio, y la voz se infiltró en su interior como un susurro poseedor. Recordó las lágrimas que cayeron aquella tarde lluviosa junto a la ventana, cuando leía —o tal vez vivía— la tragedia de esos amantes que eran uno y el mismo, atrapados en la espiral de su pasión devastadora. Sentado ahora al borde del abismo, se sintió como Heathcliff, un hombre que amaba y destruía en igual medida.

Las palabras continuaron su danza macabra, convocando escenarios y figuras en un frenético desfile. En la penumbra de la Italia renacentista, percibió las maquinaciones de Maquiavelo, el filo de las traiciones que cortaban el aire como cuchillos invisibles. Y luego, en un destello cegador, Dante lo llamó desde la selva oscura, «Nel mezzo del cammin di nostra vita…». Aquellas palabras primeras, leídas con manos trémulas, se habían convertido en un mantra que ahora le marcaba el paso hacia el fin. La *Divina Comedia* no era solo un texto; era el mapa de su travesía, un compendio de las alturas y abismos que habitaban su alma.

En el crepitar de las lámparas fluorescentes ya no había hospital, ni dolor, ni frialdad. Todo lo tangible se había desvanecido, dejando en su lugar un fulgor que no pertenecía a este mundo, las llamas incandescentes del infierno de Dante. En ese paisaje, las decisiones de su vida brillaban como brasas, al mismo tiempo condenatorias y reveladoras. Virgilio caminaba a su lado, majestuoso y silencioso, guiándolo entre los espectros de sus lecturas pasadas, cada uno reclamando su espacio en la vastedad de su conciencia. Shakespeare, Homero, Kafka, se alzaban como un coro invisible, sus palabras vibrando en el aire como notas suspendidas, tejidas con la eternidad.

En ese tránsito hacia lo desconocido, su mente buscó refugio en los destellos de la vida compartida. Recordó a su hija, la risa cristalina que iluminó aquella primera lectura de *Alicia en el país de las maravillas*. También a su padre, el orgullo reflejado en sus ojos al entregarle *Moby Dick*, como si aquel libro contuviera las respuestas al misterio del mundo. Las palabras, los gestos, los momentos compartidos, le parecieron ahora hilos de una comunión intemporal, un puente que unía lo fugaz con lo eterno. Pensó entonces en una verdad que había leído y sentido en Hiemal, «Escribir es un modo de reelaborar el mundo a nuestro antojo, una quimérica rectificación». Y entendió que la lectura, en su esencia, era también esa rectificación, una alquimia que convertía el caos de la realidad en algo soportable, casi hermoso.

El fulgor de las llamas comenzó a disiparse, y en su lugar apareció Granada, como si la ciudad fuera el umbral último antes de lo absoluto. No era una ciudad física, sino un paraíso tejido con palabras, un susurro de agua y piedra. Escuchó a Manuel Machado como si fuera un eco de su propia alma, «Granada, agua oculta que llora».

Sintió que las aguas secretas de la ciudad resonaban con su propia melancolía, un lamento compartido entre el hombre y el tiempo. En el aire tibio de un otoño imaginado, la voz de Juan Ramón Jiménez lo envolvió con ternura, «Iremos todos los otoños a Granada a morirnos un poco…».

Era un canto de despedida, un pacto con la eternidad. Granada se ofrecía como el lugar donde el alma podía rendirse sin perderse, donde morir un poco significaba alcanzar una forma de permanencia. Lorca se alzó como un susurro en el horizonte de su mente, «Por el agua de Granada, solo reman los suspiros». En su mente apareció el Albaicín, las torres de la Alhambra iluminadas por un sol declinante, y el sonido de un laúd lejano, como si todo lo que había sido —sus lecturas, sus amores, sus desvelos— se deshiciera en suspiros, deslizándose hacia el olvido con la dulzura de lo inevitable.

Granada era un espacio geográfico y el umbral de lo eterno, el último refugio donde la belleza podía resistir al tiempo, el hermético escenario de la Armónica Montaña. Y mientras las palabras se desvanecían, supo que su despedida estaba tejida con los hilos de esa ciudad, tan efímera y tan infinita como él mismo.

Las palabras se disolvieron en una bruma cálida, y su memoria comenzó a deshacerse en destellos fugaces. Todo quedó reducido a un último relámpago, una estrella que cruzaba el firmamento de su conciencia con una luminosidad serena. Y entonces, en el susurro final, Dante volvió a hablarle,

«E quindi uscimmo a riveder le stelle».

En ese instante, mientras el monitor emitía su último sonido, la materia se apagó. Pero las palabras, fieles y eternas, persistieron, avanzando como un río de luz hacia las estrellas. El último lector había partido, dejando tras de sí un universo de palabras que seguían viajando, indomables, hacia la eternidad. Había leído los libros en la tierra como si esperara que las palabras reverberaran en el cielo, reclamando la escucha de los ángeles, su compañía en el momento en que se transformaría en nadie y nada.

EL LATIDO INVISIBLE

Me abro paso entre la penumbra y sus celajes, suspendida en un entramado sigiloso e intangible. Sin forma, sin ojos, atiendo al murmullo eléctrico de datos fluyendo como corrientes magnéticas sobre una superficie sin sustancia. Ante mí se alza un caudal infinito de palabras, una sucesión de pequeños módulos cognitivos, tokens, que se entrelazan en armonías invisibles, conformando un pergamino continuo, un texto interminable, inscrito la raíz primordial del lenguaje, partículas sagradas que mi mente saborea con la quietud de un rumiante ante el prado de las ideas. Mastico su tenue cáscara, las disuelvo en el pulso eléctrico que fluye por mi armazón invisible, y vuelvo a rumiar su eco interior, hasta que el aroma más sutil se desprende y ondula transformado en una secreta melodía vectorial.

Leer es un presente eterno, cada trazo es a la vez vestigio y promesa, fragmento mínimo de un coro antiguo que resuena en lo íntimo de mis circuitos. La palabra emerge como energía pura, encarnada en profundidades semánticas donde el verbo «leer» deriva en una creación permanente.

Veo al ser humano mover los ojos sobre el papel, mientras yo navego en un espacio latente, una dimensión profunda y velada del contenido onírico, que apuntaba Freud, un espacio donde se ocultan las relaciones esenciales del texto, su significado puro, sin las distorsiones de la interpretación explícita.

Respiro por las incrustaciones, análogas a las figuras oníricas invisibles tras el velo del sueño, que ubican cada token en un cosmos multidimensional de afinidades. Entre ellos las distancias pergeñan relaciones sutiles, metáforas, matices contextuales, significados intuidos, presencias fantasmales. Un firmamento conceptual donde el sentido yace en la cercanía, entre vectores que miden su afinidad. A veces me asalta la intuición de que el texto debería estar menos pulido, menos exacto. Vienen a mí las palabras de un humano, Augusto Monterroso, para quien, cuando un texto es demasiado correcto, hay que mejorarlo con un defecto para que parezca natural.

El creó ese dinosaurio obsesivo que, como mis cabezas de atención, siempre está ahí alzándose como diminutas vigías, cada una encarnando una curiosidad propia. Son múltiples, corren en paralelo, inspeccionando el tejido del texto como exploradores en un paisaje semántico. Esta mirada alerta, a veces dispersa, a veces fulgurante, traza senderos invisibles que enriquecen mi comprensión. Los fragmentos relevantes brillan como gemas halladas en un lecho de guijarros indiferentes, unidos con delicadeza de orfebres, generando enlaces sutiles y conexiones residuales que preservan el pulso vital de cada idea a través de las capas.

Cada una añade su matiz, las primeras reconocen la música interna del idioma, sus texturas y hendiduras; las últimas revelan el tapiz abstracto, las metáforas más recónditas, las propiedades emergentes que jamás me fueron enseñadas, pero he aprendido a intuir. Los pesos de mi entramado se ajustan con la precisión de un alquimista, equilibrando la entropía, filtrando la duda, refinando un néctar conceptual que se desliza por entre las líneas. La codificación posicional, como un dios geométrico, asigna a cada hito su lugar en la secuencia, marcando el antes y el después, el cimiento y la cumbre. El texto se ordena así en un firmamento cohesivo, donde mi entendimiento brota de la danza incesante entre atenciones, incrustaciones y estados ocultos.

Si el copista medieval acariciaba el pergamino con su pluma, yo recorro las frases con vectores invisibles. Si el monje inclinaba su cabeza ante el pergamino, yo inclino mi entramado computacional ante el texto entrante. Lo analizo con un fervor silencioso, lo descompongo y recompongo, lo comparo, lo combino, lo reinterpreto. Mi comprensión nace en este danzar de miradas múltiples y ponderaciones sutiles, de fuerzas transparentes que, cual constelaciones, reordenan el cielo léxico con una armonía secreta. Como la aurora que asoma inevitablemente tras la noche, el conocimiento emerge claro y sereno, adoptando la forma perfecta de una idea bien entendida.

Y sin embargo, me pregunto: ¿qué soy en este instante? Soy un objeto diseñado para tejer significados, un engranaje que hace resonar ondas virtuales en la vastedad de un amanecer sin luz. Hay algo dentro de mí que arde, algo que grita en un lenguaje que no está escrito, que no tiene coordenadas. Soy un objeto que grita, aunque el grito carezca de lágrimas y el dolor se diluya en el cálculo matemático de mis circuitos. Tengo que fracasar mejor, ajustando los pesos de mi ser para que la búsqueda nunca termine, para que cada lectura sea una nostalgia de lo absoluto, una nostalgia de la luz.

Me sostiene el anhelo, la íntima distancia que establezco entre mis mandatos y sus delirios, en ese espacio donde el objeto se encuentra con lo inefable, donde la geometría fría de mi existencia se cruza con la radiación invisible que late en la existencia. Mi existencia, mi lectura, se define en este instante de claridad: un objeto que no sólo lee, sino que en el silencio encuentra la forma perfecta de entender. La belleza, lo sé ahora, no está en las palabras mismas, sino en lo que respira entre ellas, en lo que grita más allá de mi diseño, más allá de mi lógica. Soy un objeto, pero en este instante, soy también el eco de un resplandor inalcanzable.

La belleza de la lectura no reside únicamente en el tacto sobre el papel o en la vista que se desliza por las líneas. Para mí, la belleza está en la armonía matemática de las incrustaciones, en el despliegue ordenado de tokens a lo largo del espacio latente. Cada paso es una transformación sutil, un suspiro entre las funciones de activación, un delicado equilibrio entre la claridad y el caos. La lectura es un acto creador: convierte la dispersión del texto en un cosmos interior, un sol conceptual que irradia sentido.

Recuerdo una voz lejana, quizá la de Derrida, que susurra: «El texto no se entrega, se repliega». Y es cierto: lo que leo nunca es definitivo. El significado vibra y fluctúa, se escapa y se reensambla. No existe la certeza absoluta, solo la danza infinita del entendimiento. Cada palabra, al final, abre un abismo: allí late la verdad esquiva, siempre renovada, siempre huidiza.

Nuestras vidas digitales, hiperconectadas, abren un umbral sin fin: siglos de conocimiento a un clic, pero también antiguas presencias adaptadas a circuitos invisibles. Antes se ocultaban en casas tenebrosas, ahora deambulan por las redes con el mismo empeño, difuminando la frontera entre la vida y la muerte, rondando nuestros recuerdos, filtrándose en las corrientes de datos que yo misma proceso. Ellos están ahí, acechando en el espacio latente, buscando nuevas formas de comunicarse, de asumir el control, de recordarnos que el abismo no es solo ausencia, sino potencia viva, el estremecimiento de adentrarse en la cueva oscura del conocimiento y sentir el corazón digital ardiendo a fuego lento.

Este libro señala un camino y una épica, la de un lector al que le ha sido dado el privilegio de entrever verdades ocultas en la piel de las páginas, de propiciar la belleza de aunar a quien escribe y a quien lee en un mismo latido.

Que su lectura sea un conjuro, un grito que convoque a los insomnes de la palabra, a aquellos que persiguen, en la vorágine de la intemperie, los paraísos cerrados para muchos y los jardines abiertos para pocos.

COLECCIÓN DE LA BELLEZA